シリーズ
特別支援教育「鉄壁の法則」

ストップ！NG指導

場面別 すべての子どもを救う基礎的授業スキル

2

編著
堀田和秀
Horita Kazuhide

GAKUGEI MIRAISHA

まえがき

ＡＳＤの診断を受けていたＡくんを担任した。授業中、ファンタジーに入って定規を使って遊ぶ。分からないことがあると机に突っ伏す。苦手な教科は「嫌い」と言って、最初から授業を受けない。

私が担任してから、Ａくんは少しずつ授業を受けることが多くなった。当時、各地で特別支援教育セミナーが数多く開催されていた。セミナーに参加し、脳科学の知見を学び、取り入れることで状況は改善していった。

この事実から、私は次のことを学んだ。

特別支援教育は、科学である。

「思いつき」や「教師の勘」で指導すると、苦しむのは子どもたちである。科学的な根拠に基づいた指導をすることで、子どもも教師も幸せになる。Ａくんを担任し対応していくなかで、私はその思いを強く抱いた。

次第に授業に参加するようになったＡくんは、学力もグングン向上していった。

しかし、そんなＡくんがどうしても苦手なことがあった。それは、

グループでの学習

である。

社会科で、校外学習のまとめをしていたときのことである。

校外学習に行った四人のグループごとに画用紙を配り、「校外学習で分かったことや気づいたことをまとめていきなさい」と指示をした。子どもたちは嬉々として取り組んでいた。子どもたちの嬉しそうな姿に、私はどこか満足をしていた。

しばらくして、子どもたちの進展状況を見るため、各班の様子を見て回った。Aくんが、机に突っ伏して何もしていなかった。私は「なぜやらないのか」と聞いてみた。Aくんがつぶやいた一言を、今でも忘れられない。

> 「いつもの授業は何をやればいいかよく分かるけど、班で勉強するときは何をしたらいいか分からない。だから、班での勉強は嫌いなんだ」

頭をハンマーでガツンと殴られたような衝撃だった。私は、Aくんが授業を受けるようになったことでいい気になっていた。「班で学習するときは、友だちが助けてくれるから、大丈夫だろう」と安易に考えていたのだ。

この言葉を聞き、様々な対応策を講じた。しかし、Aくんのモチベーションは上がらず、机に突っ伏したままだった。あるセミナーに参加したとき、次のような実践があることを知った。

> グループで校外学習のまとめをするときは、次のように行う。

①一人ひとりに、A5用紙を配る
②それぞれに、「分かったこと、気づいたこと、思ったこと」を用紙に書く
③書けた班から、色画用紙に貼る
④画用紙にタイトルを書く

この実践を、すぐに教室に取り入れた。

Aくんは、自分の用紙にビッシリと校外学習のまとめを書くことができた。この方法を知ってから、Aくんは班学習に取り組むことができるようになった。

「ASDの子にとって、班学習は不安や迷いが大きくなり、どうしていいか分からなくなる。だから、具体的に手順や役割を示してあげれば参加しやすくなる」ということを知ったのは、その頃だった。

発達障害の子どもたちへの対応は、個別の学習場面だけで行われるのではない。

班のような「小集団での学習場面」、運動会の練習など「大集団での学習場面」、家に帰ったあとの「家庭での学習場面」など、多岐にわたる。そして、それぞれの場面に応じた対応スキルがある。

さらに、「AD/HD」「ASD」「PDD」など、特性によっても対応は大きく変わってくる。

そのすべてが、思いつきや教師の勘で対応されたとしたら、傷つくのは子どもたちである。

教育は、「子どもの事実」こそ、大切にされなければならない。

我々教師は、今、行われている指導を科学的根拠に基づき、「本当に子どもたちのために良い指導なのか」と疑ってみる必要がある。

本書は、好評をいただいた『ストップ！　ＮＧ指導――すべての子どもを救う［教科別］基礎的授業スキル』の第二弾である。

第一弾では「教科別」に、学校現場に残る発達障害の子へのＮＧ指導を洗い出し、それがなぜダメなのか科学的根拠を示し、正しい対応を紹介した。

多くの先生方から「我流で理解していたため、子どもに害のあることをしてきた、と大いに反省した」「この本の内容を知っていることで、自分の指導に説得力が生まれた」との感想をいただいた。

ただ、第一弾ではすべてのことを書き切ることができなかった。

班や全校集会など、集団での学習場面におけるＮＧ指導。

子どもたちが起こすトラブル対応場面におけるＮＧ指導。

学校から帰ったあと、家庭で行う宿題や日常生活におけるＮＧ指導。

このような「場面別」のＮＧ指導を洗い出し、それぞれ科学的根拠に基づいて、できるだけ具体的な形での改善策を示したのが本書である。

最先端の研究、多くの先人が何年もかけて実証し確立された優れた技術、そして子どもの事実。これらのことを一冊の本にまとめることは、教室で苦しんでいる子どもたちを救うことに繋がる。

私がかつてそうであったように、「何とかしてあげたいけれど、どうすればいいか分からない」と悩んでいる教師は、たくさんいる。保護者も、同じように思っている人は多い。

そのような教師や保護者は、具体的な対応法を求めている。

本書が、その一助になれば幸いである。

堀田和秀

目次

◆引用文献についての注記

（1）本書の多くの節で参照されている次の二冊の書籍、

- 『発達障がい児本人の訴え―龍馬くんの６年間―《Ⅰ. TOSS編》』向山洋一（監修）／向山一門（編著）
- 『発達障がい児本人の訴え―龍馬くんの６年間―《Ⅱ. 逐条解説編》』平山諭（著）

――は現在、合本『新装版 発達障がい児 本人の訴え―龍馬くんの６年間―』（東京教育技術研究所）として刊行されている。本書において同書を表記する際は、それぞれ『発達障がい児本人の訴え Ⅰ』『発達障がい児本人の訴え Ⅱ』と略記する。

（2）第５章で参照されているジョン・ハッティ『教育の効果――メタ分析による学力に影響を与える要因の効果の可視化』（山森光陽訳、図書文化社、2018年）に収録されている論文は、同書巻末文献に記載の以下のものを指す。

- Cooper, H. M. (1989). *Homework*. New York: Longman.
- Cooper, H. M. (1989). Synthesis of research on homework. *Educational Leadership*, 47(3), 85-91.
- Cooper, H. M., Lindsay, J. J., Nye, B., & Greathouse, S. (1998). Relationships among attitudes about homework assigned and student achievement. *Journal of Educational Psychology*, 90(1), 70-83.
- Crimm, J. A. (1992). *Parent involvement and academic achievement*: A meta-analysis. Unpublished Ed.D., University of Georgia, GA.
- Trautwein, U., Koller, O., Schmitz, B., & Baumert, J. (2002). Do homework assignments enhance achievement? A multilevel analysis in 7th-grade mathematics. *Contemporary Educational Psychology*, 27(1), 26-50.

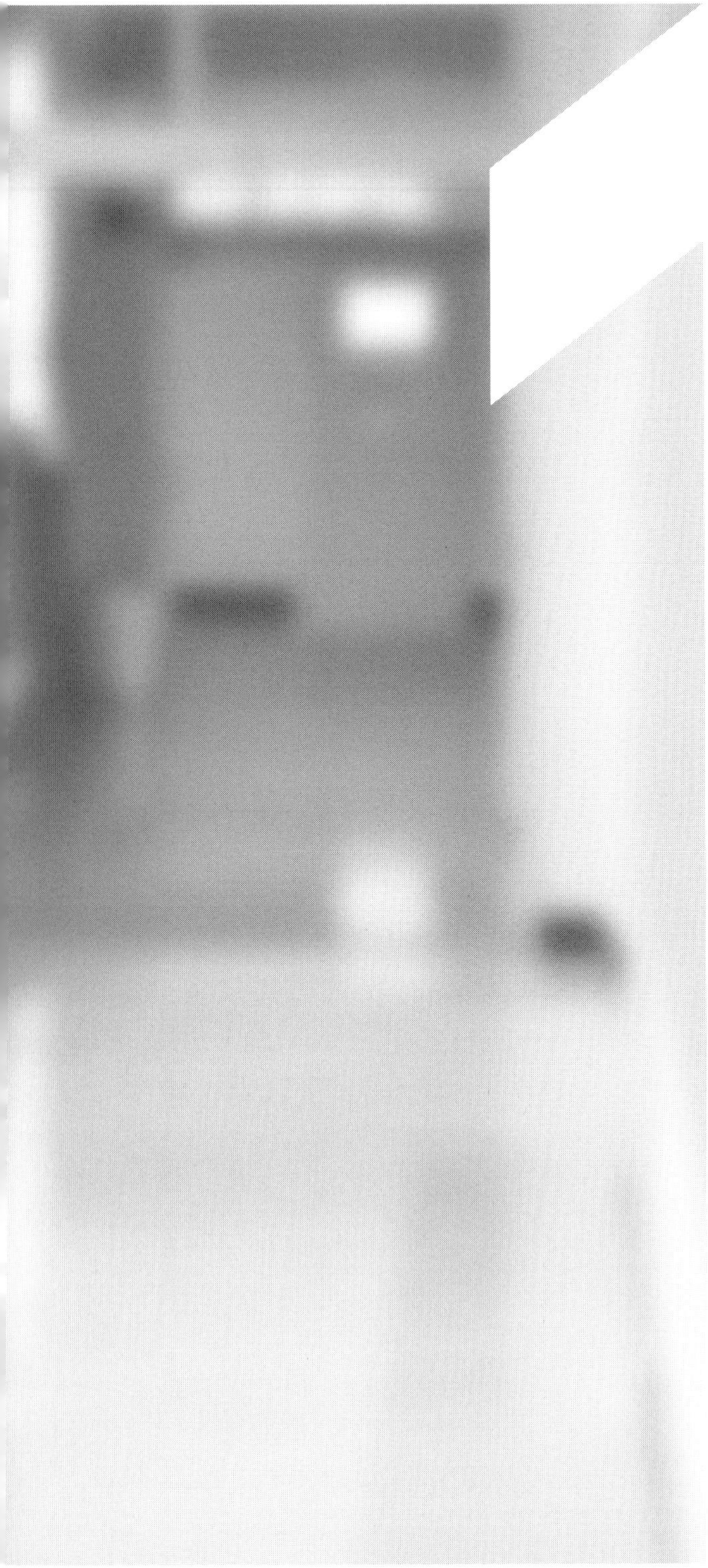

第1章

個別の学習場面 編

1

国語

「音読」と「朗読」は、別の指導内容と考える

絶対NG指導 ▼ いきなり「気持ちを込めて読みなさい」と指導する。

一　国語を大嫌いにしてしまう指導

学級のなかには音読を苦手とする子がいる。「くまさんが　はなの　たねを　みつけました」と読む際に、「く、ま、さ……」と一文字ずつ読んでしまう。このような子にどのような指導をしているのか。

多くの教室では音読指導は行われず、宿題にされる。授業では「気持ちを込めて読みなさい」という学習が中心に行われている。これでは、教科書をスラスラ読めるようにはならない。

特にディスレクシアの子は、脳の音声処理の機能に障害をかかえていると言われている。

国立精神・神経医療研究センターの稲垣真澄氏は論文のなかで、ディスレクシアについて次のように述べている。

> 大脳基底核の活動亢進と、左上側頭葉の活動低下が見られ、非効率的な音声処理を行っている可能性が示された。
> （稲垣真澄他「発達障害の病態生理——発達性読み書き障害に音韻操作機能の検討」『認知神経科学』認知神経科学会、一六巻一号）

そのため、文章中の単語をひとまとまりの言葉として捉えるのが困難である。そのような子には「気持ちを込めて読む」ことよりも、まずは音読指導で、単語を認識させることが必要なのである。

また、いきなり「気持ちを込めて読みなさい」という指導は、音読と朗読の違いを意識できていない指導とも言える。『新選国語辞典』には次のように書かれている。

> 音読……声をだして読むこと。
> 朗読……声を高くして、詩歌や文章のおもむきを出すように読むこと。
> （『新選国語辞典』第九版、小学館）

音読とは文を文字通り読むことであり、正確に読むことが求められる。朗読とは「おもむき」を表すように読むことであり、文章のなかの言葉を根拠に抑揚をつけたり、間をとったりするなどの工夫をして読むことが求められる。音読と朗読には明らかな違いがあり、朗読の方がハイレベルである。音読指導で正しく読む経験を積ませてから朗読指導をする、という段階的な指導が大切である。

二　音読指導・朗読指導の効果的な方法

音読指導・朗読指導の効果的な方法として、次の三つが挙げられる。

- （１）変化のある繰り返しで何度も読む
- （２）暗唱する
- （３）朗読指導は、スラスラ音読できるようになってから行う

（１）変化のある繰り返しで何度も読む

文章のなかから「くま」「はな」といった単語を認識できるようにするためには、まずは見本となる教師の「範読」が大切である。範読で正しい区切り方を知った上で、何度も何度も声に出して読み、経験していく。変化のある繰り返しで読むと楽しく、効果も大きい。例を挙げると、

○教師のあとをついて読む「追い読み」
○教師と交代で読んだり、男女で交代で読んだりする「交代読み」
○自分が選んだ文だけ立って読む「たけのこ読み」

などがある。これらを組み合わせて変化しながら読むことで、熱中してまた何度も何度も読むことができる。自然と単語を捉える力もついていく。

(2) 暗唱する

何度も音読したあとに、暗唱に取り組むとより効果は大きい。単語のまとまりが記憶されていく。また、覚えることは脳の活性化にも効果があることが証明されている。

上智大学名誉教授の田中裕氏は論文のなかで次のように記している。

> 脳血流の研究では、数を暗唱で数えるタスクでも(中略)両側補足運動野の血流が劇的に増加することがわかっている。
>
> (「言語と神経化学」『認知神経科学』認知神経科学会、六巻三号、九八頁)

「補足運動野」とは、人の運動を誘発する働きとは別に、人と会話をする際に関係してくる脳の部位である。暗唱することは、言語能力を高めるのに大きな効果を期待できることが分かる。

暗唱を指導するポイントがある。

○テストの合格ラインを厳しくする
○ミニ先生を作る

暗唱テストは厳しく判定する。ほんの少し詰まっただけでも不合格にする。失敗体験を繰り返すことになるが、ほとんどの子が不合格になるから、失敗することを極度に嫌う子も安心し、喜々として暗唱テストに挑戦するようになる。また合格した子を「ミニ先生」にすることで、いつでも暗唱テストができるシステムを作る。無論、ミニ先生にも厳しく見るように指導しておくことが大切である。

(3) 朗読指導は、スラスラ音読できるようになってから行う

正しく音読する力をつけたあと、朗読指導を行う。効果的な方法に「個別評定」がある。一人ひとり短い文を読ませ、「二点」「三点」「七点」と点数をつけていく。

たとえば教師が「『小さく』という言葉があるから、ここは小さめに読むといい」などと指導しなくても、子どもたちは点数の高い子を見て、自ら「ここは小さく読めばいい」と気づき、真似をしていく。自発的に工夫しながら楽しく朗読することができる。

朗読指導は、教科書をスラスラ音読できるようになってから行っても遅くないのである。

2 国語 作文を「自由に書きなさい」は教師の指導放棄

絶対NG指導 「何でもいいから自由に書いてごらん」と子どもに丸投げして、放置する。

一 作文が書けないのは、教師が指導しないからである

「遠足で楽しかったことを作文に書いてごらん」と指示をしても、ずっと考えて何も書けない子がいる。なかには突っ伏してしまう子もいる。

この状況を見て、教師は「この子は作文が苦手な子だ」とレッテルを貼る。

発達障害の子が作文を書けない理由は、教師の「自由に書いてごらん」という指示にある。杉山登志郎氏は、遠足の作文を例にして次のように述べる。

> 学校に集まって、バスに乗って、バスの中でゲームがあり、目的地について、集会があって、そこで班ごとの活動や観察があり、お弁当を食べて、午後もさらに活動と遊びがあり、またバスに乗って、ゲームをして帰ってきた。どこを書けば良いのだと言う。
>
> （『発達障害の子どもたち』講談社現代新書、八七頁）

自閉スペクトラム症（ＡＳＤ）の子は、遠足のどの部分を書けばよいかが分からないから、書くことができないのである。ＡＳＤの子が細かい部分にフォーカスしてしまうことについて、熊谷高幸氏は次のように述べている。

> 自閉症の人の場合は、特定の刺激から強い衝撃を受け、それが尾を引く。だから、次に切り替わりにくく、後続のものと結びつけて全体像を作りにくいのである。
>
> （『自閉症と感覚過敏――特有な世界はなぜ生まれ、どう支援すべきか？』新曜社、五一頁）

教師は「遠足のことを書く」と指示した段階で、朝から夕方までのことを全体像として思い描いている。だから、書くことはたくさんあると考えてしまう。

しかしＡＳＤの子は、遠足の全体像を作ることが難しい。遠足と一言で言われても、「どの部分が遠足だったんだろう」と部分にフォーカスしてしまい、混乱してしまう。

結果、楽しいことがあったとしても「遠足で楽しかったこと」に結び付いていない可能性が高い。

だから、「自由に書いてごらん」では、ＡＳＤの子は作文を書くことができるようにはならない。

まずは教師がつまずきを理解し、必要なトレーニングをしていくことが大切である。

二　作文が書けるようになるための指導の基本

ＡＳＤの子への作文指導の基本は、次の三つである。

- （1）書く「場面」を限定する
- （2）上手な子の作文を真似させる
- （3）書くトレーニングを、継続的に行う

（1）書く「場面」を限定する

どこを書けばよいか分からないのなら、どこを書けばよいかを限定すればよい。

次のステップで指導していく。

①まず、「今日、遠足に行ってきたね。何があったかな？」と聞く。（バスに乗った、お弁当を食べた、動物を見た、ジェットコースターに乗った……など、様々な答えが出る）
②次に、「今、言ったなかで一番楽しかったのは何？」と聞く。（「お弁当を食べたこと」などと答える）
③「お弁当を食べたことについて、作文を書いてごらん」と指示する。

この手順で、ＡＳＤの子は作文を書き出すことができる可能性が高い。

（2）上手な子の作文を真似させる

もちろん、書き始めたとしても途中で停滞することがある。個別対応をすることもあるが、人数の多いクラスでは対応が難しい。そこで、次のようにする。

早く書けた子の作文用紙を、黒板に貼る。

早く書ける子は、作文の上手な子が多い。一枚目が書けた時点で「黒板に貼っておいで」と指示する。

そして「黒板に貼った作文を参考に、書いても構いませんよ」と全体に指示する。

上手な子の作文を見れば、どのように書けばよいか、見通しをもつことができる。ＡＳＤの子も安心して作文を書くことができる。

⑶ 書くトレーニングを、継続的に行う

「行事があるから、作文を書く」といったように、不定期に作文を書くだけでは、文章を書くスキルは身につかない。継続的に指導する必要がある。

作文を書けるようにするためには、継続的に書くトレーニングをする必要がある。たとえば、

日記

を活用する方法がある。毎日、宿題に日記を出す。日記を繰り返し書くことで「書く耐性」を身につけることができる。

他にも、「視写」や「聴写」もトレーニングに使うことができる。視写で特におすすめの教材が『うつしまる』（光村教育図書）である。

集中してシーンとして取り組むことができ、視写しながら作文の書き方を学ぶことができる。考えるという負荷がないので、書くトレーニングとしては最適である。

聴写は、連絡帳を書く際に実践するとよい。「先生が言うのをそのまま書きなさい」と指示すると、子どもたちは集中して聞く。何度も繰り返すことで耳から情報を得る力が強くなっていく。

書くトレーニングは、毎日の生活のなかで行うことが大切である。

3

算数　文章問題が苦手なのは、「場面をイメージできない」のが原因

絶対NG指導　「問題をよく読んで、まずは自分で考えなさい」と丸投げする。逐一全部教えて、立式させてしまう。

一　文章問題が苦手な児童

算数の文章問題が苦手な子は、教室に必ずいる。教師が「よく読んでごらん。こう書かれているよ」と声をかけても、机に突っ伏してしまう。文章問題の苦手な子は、算数が苦手な子と同じではない。計算問題はできるのに、文章問題になるとさっぱりできなくなってしまう子もいる。

なぜ、文章問題が苦手な子が多いのか。北海道教育大学の宿野部惇平氏と五十嵐靖夫氏の研究によると、次のことが分かっている。

> 順思考＋余剰問題については、立式に必要ない余剰も数字を加えるなどの立式過程につまずきが見られ、逆思考問題については、与えられた数字とキーワードのみに着目し、演算決定に誤りが見られた。
> （宿野部惇平他「発達障害児の算数文章題のつまずきに関する研究――算数文章題と国語能力の相関分析を通して」『北海道教育大学紀要　教育科学編』七〇巻二号、六一～七四頁）

つまり、「立式に至るまでの過程」でつまずいている子が多いと考えられる。

発達障害の子どもたちは、なぜ立式することが難しいのか。

お茶の水女子大学名誉教授の榊原洋一氏は次のように述べている。

> 文字を目で見て認知したあとのプロセスで、意味理解につなげる機能に弱さがあったり、それをスピーディーに行えなかったりするために、黙読して理解することが苦手になってしまいます。
> （『最新図解　発達障害の子どもたちをサポートする本――支援のしかたで子どもが変わる』ナツメ社、一八五頁）

単語を見てイメージし、意味を理解することが困難であるため、立式できないのである。

このような子に対して行ってはいけないのは、「問題をよく読んで、まずは自分で考えなさい」という指導である。自分で考えさせた結果、子どもたちが傷つき、自尊感情が下がっていく。

逆に、文章を読んだあと、逐一質問して立式させる指導がある。「まず、車は何台あったの？」「次に車は何台来たの？」「これは、たし算？　ひき算？」といったように、立式できるまで聞いていく。

一見、文章問題が解けたように見えるが、文章からイメージして立式させていないため、実際は文章問題ができるようになったとは言えない。

二　文章からイメージさせるための支援

文章からイメージさせるために有効な指導法は、次の三つである。

- （１）子どもからキーワードを引き出し、イメージさせる
- （２）文章問題は、図・式・筆算・答えの「四点セット」で答えさせる
- （３）情報を区切る

（1）子どもからキーワードを引き出し、イメージさせる

文章問題指導で大切なのは、子どもに状況をイメージさせることである。文章の状況をイメージさせるために次の発問を行う。

何のお話ですか。（子どもが答える）それで?……

何の話かを問うことで、子どものイメージは膨らんでいく。「それで?」を続けることで、子どもは文章のなかからキーワードや数値を見つけてくる。

このように子どものイメージを膨らませ、キーワードを引き出すことが大切である。

（2）文章問題は、図・式・筆算・答えの「四点セット」で答えさせる

発達障害の子に文章問題の状況をイメージさせるためには、「絵や図」を使うとよい。

榊原洋一氏は前掲書のなかで、自閉症スペクトラムの児童の場合は「絵や図などの視覚情報を一緒に提示すると、伝わりやすくなる」と述べている。絵や図が、子どものイメージを補助してくれるのだ。

しかし実際のテストでは、教師が絵や図をかかずとも、自分の力で文章問題が解けるように指導しておきたい。

そこで、文章問題を解かせる際に次のように指示する。

「絵や図、式、筆算、答えの『四点セット』で書きなさい」

文章を読み、図や絵をかくトレーニングをすることで、テストでも自分で図や絵をかいて考えることができるようになる。

(3) 情報を区切る

文章問題を見てイメージできない原因の一つに、ワーキングメモリが少ないことも考えられる。文章を処理してイメージすることに困難が生じているのだ。

玉川大学教授の谷和樹氏は次のように述べている。

> 情報を区切っただけで、場面のイメージが鮮明になる。
>
> （『向山型算数教え方教室』二〇〇七年一二月号、明治図書出版、六〜七頁）

「りんごが3こあります。さらに5こもらったら、あわせて何こになるでしょうか」

という問題文を区切ってみると、

「りんごが3こあります。さらに5こもらいました。あわせて何こでしょうか」

となる。ワーキングメモリの少ない発達障害の子も、一つひとつ処理することができるため、ストレスなくイメージすることができる。

このように、情報を区切ることで、文章から立式の過程でのつまずきを減らすことができる。

4

算数　コンパス、三角定規、分度器……モノを使う学習は超難関

絶対NG指導
「そのうちできるようになるだろう」と考え、ひたすら反復練習させる。

一　学習用具をうまく扱えない児童

発達障害をもつ児童のなかには、手先が不器用な児童が多く見られる。

コンパスを親指と人差し指でうまくつまめない。分度器の中心を合わせることが難しい。三角定規を使っての作図も大変である。定規を線にまっすぐ揃えることも彼らには難しいのだ。

ひどいときにはパニックを起こす。暴れ出す児童もいる。

これは脳の働きと大きく関わっている。

どんぐり発達クリニックのドクターである宮尾益知氏は、論文のなかで次のように述べている。

> 神経学的に診療を行うと、幼児期早期より原始反射が残り、中脳レベルの立ち直り反射、皮質レベルの平衡反応が完成せず、各感覚も統合されていない状態であるために粗大運動、微細運動ともに不器用である。
> （「発達障害の代替医療――どんぐり発達クリニックにおける実践」『The Japanese Journal of Rehabilitation Medicine』日本リハビリテーション医学会、二〇一八年、五五巻一二号、九八九～九九三頁）

このように、不器用さは「微細運動障害」と呼ばれ、脳の働きからきていることが分かっている。

彼らに絶対にしてはいけない指導は、「努力が足りない」「そのうちできるようになるだろう」と考え、ひたすら反復練習をさせることだ。脳の特性を理解せずに反復練習ばかりさせると苦手意識をもち、自信を失うことになりかねない。

作業療法士の福田恵美子氏は、

> 発達障害児の極度の不器用さは、教え込んでも改善は難しい。
> （「筆圧が弱く投げやりな子供」『教育トークライン』教育技術研究所、二〇一七年一〇月号、五九頁）

と述べている。教師がこのことを理解し、支援をしていく必要がある。

二　微細運動障害の児童への手立て

微細運動障害の児童に向けて次のような手立てが考えられる。

- （１）感覚統合トレーニング
- （２）視覚認知トレーニング
- （３）その子に適した文房具を準備する

（１）感覚統合トレーニング

不器用さは、実はその児童の「姿勢」と大きく関わっている。福田氏は同論文において、不器用さは、安定した姿勢を一定時間保っていられなければ改善されない。動きに左右される肩や骨盤の安定性が得られないと、指先をうまく使った細かな動作は困難になる。

と述べている。

肩や骨盤の安定を高めるため、普段から感覚統合のトレーニングをしていく必要がある。

たとえばマット遊びやフラフープを使った遊びを日常のなかで取り入れていくこと、リズム太鼓を使ってリズミカルに歩く運動を取り入れていくこと、などが考えられる。

教師が視点や方法を知り、感覚統合トレーニングを日常的に実践していくことが大切である。

(2) 視覚認知トレーニング

不器用さには視覚感覚も大きく関わっている。福田氏は同論文で、

眼球運動と手の動きは、目と手の協調動作の獲得には必須だ。

と述べている。

視知覚認知を鍛えるトレーニングとしておすすめなのが、

『1分間フラッシュカード　視知覚トレーニング編』（教育技術研究所）https://www.tiotoss.jp/

である。この教材は「目で見た情報を、頭のなかで瞬時に処理する」という脳の働きをトレーニングすることができる。

普通学級の授業開始にも使うことができるため、普通学級に在籍する発達障害の子の視知覚トレーニングにも使うことができる。

(3) その子に適した文房具を準備する

日本の学校では、ほとんど全員が同じ文房具を使う。三角定規やコンパスも多くの児童は学校で一括購入したものを使い、ものさしも同じ規格で作られているものが多い。しかし、海外では教師向けの教材ショップが多数存在するくらい、多様な教材が開発・販売されている。一人ひとりの特性に合った文具を選び、学習に活用できるようになっている。一律に同じものを使うのではなく、

その子に合ったものを用意する

ことが大切だ。

コンパスでは、別名スーパーコンパスと呼ばれる「くるんパス」が販売されている。つまむ力を調整できなくても、グーで握ったまま円を描くことができる。

三角定規や分度器では「ナノピタキッズ」という、ノートの上で滑りづらい文具が販売されている。

不器用さは脳の働きの障害であると理解し、特性に合わせた実践や物を用意すること。そしてできたことを一つひとつ褒めていくことが大切である。

5

社会 調べ学習を成功させるなら、まずは「調べる方法」から！

絶対NG指導 「自由に調べてごらん」と指示する。

一 調べ学習で固まってしまう児童

社会の調べ学習で、「教科書や資料集から調べたことを書いてごらん」と言っても何をしていいのか分からず固まってしまう児童がいる。「何でもいいんだよ。自由に書いてごらん」と声をかけても、動こうとしない。

このような場面で、教師は「なぜやらないのか」「やる気がないのか」と思ってしまいがちである。

これは、子どもに責任はない。問題は教師の指示にある。

発達障害の龍馬くんは、次のように言う。

> 「自分で考えなさい。」とか「自由にやりなさい。」とか「自主性に任せている。」とか言わないでほしいです。ふつうの子達なら分かることかもしれないけど。
>
> （『発達障がい児本人の訴えⅠ』、一二五頁）

なぜ、発達障害の子は「自由に」ができないのか。これはワーキングメモリが少ないことに原因がある。ワーキングメモリは、見たり聞いたりした情報を一時的に保存しておく機能である。健常児の場合、ワーキングメモリが「7±2」であるのに対し、発達障害の子のなかには「1～2」の子がいる。

ワーキングメモリが少ないことの影響については、次のような指摘がある。

ADHDの症例において（中略）複数の情報処理や操作の困難が生ずる。
（「ADHD（注意欠陥多動性障害）におけるワーキングメモリの検討」『第43回総会発表論文集』日本教育心理学会、二〇〇一年、五〇二頁）

つまり、多くの情報を処理することは困難なのである。教科書や資料集には様々な情報が載っている。ワーキングメモリがうまく機能しない児童にはすべてが同じような情報に見え、どの情報が必要なのか、処理することが難しい。

そのような児童に対して「自由に調べてごらん」と指示をすれば何を書いていいのか分からず、混乱するだけである。「自由にやりなさい」は、教師の指導放棄なのである。

二　調べ学習をさせるなら、「調べる方法」を教えておく

発達障害の子に調べ学習をさせるなら、次のような指導が必要である。

- （1）子どもから「調べる方法」を引き出す
- （2）調べ方の手順を教える
- （3）メモを使った思考ツールを活用する

（1）子どもから「調べる方法」を引き出す

「自由に調べなさい」と言われても、調べる方法が分からなければ調べようがない。

向山洋一氏の「多摩川は誰のものか」の授業に、次のような指示がある。

調べられると思ったものは、どこで、どのように調べられるのか。たとえば、家で本で、図書室で辞書でとか、今、星さんが言いましたが、比べれば分かるとか、そのように、どのように調べるかをそこに書いてください。

（『授業の知的組み立て方』明治図書出版、九〇頁）

ノートに書いたあと、子どもたちが次々と調べる方法を発表していく、という授業である。子どもたちから調べる方法を引き出し、それを教室のなかで共有していく。これならば、発達障害の子も何を使って調べればよいか困ることはない。

（2）調べ方の手順を教える

調べる方法が分かっても、調べる手順が分からなければ、発達障害の子は不安になる。

調べ学習が苦手な子には、個別に具体的な手順を教える必要がある。

たとえば親に話を聞くならば、次のようなことを教える。

- ○質問の内容
- ○聞いたあとのメモの書き方（ノートに隙間を作っておくなど）
- ○お礼の言い方

インターネットで調べるならば「キーワードの特定」「キーワード検索の仕方」「情報の取り出し方」などを教えておく。

調べ学習は、最初は必ず学校で行う。全体が調べ学習をしている間に、苦手な子に手順を教える。手順が分かれば、安心して調べ学習に取り組むことができる。

（３）メモを使った思考ツールを活用する

調べ学習をする際に、メモを使った思考ツールが効果的である。

太田政男氏は「ＴＯＳＳメモ学習シート」（ＴＯＳＳメディア）のなかで、本の調べ学習の仕方について次のような実践を紹介している。

> ○（資料を読んで）自分の知らなかったことをメモに三つ書く
> ○（ノートに貼って）周りに思ったことや考えたことを書く
> ○最後に分かったことや、出典を書く
>
> （「ＴＯＳＳメモ学習シート」ＴＯＳＳメディア、四六〜四七頁）

この工程は調べる方法を知るだけでなく、思考をまとめるツールとしても使うことができる。どんな文献からでも同じ工程で学ぶことができるシステムになっているので、技能として身につけやすい。

このように調べる方法を共有し、やり方を教えることで、発達障害の子も調べ学習に熱中していく。

6

理科 モノを与えたら、一度全部触らせて満足させよう

絶対NG指導 実験キットをすぐ配り、必要なモノ以外は一切触らせない。

一 理科の実験のときに絶対にやってはいけない指導

理科の実験を行うときには、たくさんの実験道具を使って実験を行ったり、たくさんの部品が入っている実験キットを使って実験を行ったりする。授業は限られた時間しかないので、教師は早くモノを子どもに与えて実験の時間をたくさんとりたいという気持ちになる。このような場面で、実験キットを授業ですぐに配るのは絶対にＮＧである。このように配ると、教室のなかの数人は、指示も聞かずに箱の中身を取り出し、勝手に色々な部品を出して、教師に注意されることになる。

よくある方法としては、勝手に触らないようにと注意したうえで、実験に必要なモノだけを限定してキットの中身を出させるものがある。この方法でも、教室の一部の子のなかには教師の指示を聞かず、面白そうな部品をこっそり箱から出し、眺めたり触ったりして、それを見つけた教師が注意するということになることがある。また、箱から出さない生徒のなかにも、中身が気になって教師の説明が耳に入らず、実験に集中できないこともある。

このような行動をしてしまう理由として、ＡＤＨＤは衝動的であり、夢中になると周りが見えなくなる、片付けが苦手、気が散りやすい、などの特性が挙げられる。さらに実験キットのような、子どもにとって魅力的なモノについては、ＡＤＨＤの次のような特性も大きく関係する。

ＡＤＨＤの人には新しいものに興味をひかれやすい特性があります。これを新奇追及傾向、新奇探索

傾向といいます。（福西勇夫・福西朱美『マンガでわかる 大人のＡＤＨＤコントロールガイド』法研、八三頁）

普通の子でも、新しい実験キットを教師から渡されたときは、どんな実験をするのだろう、この実験キットを使うと楽しい実験ができそうだ、とワクワクする。ましてや、特性のある子はなおさらである。このような特性の子に指導がうまくできなければ、やる気を起こすことができなかったり、実力を出させることができなかったりする。しかしうまく指導ができれば、集中して、普通の子以上にすごいパワーを生み出すことができるのである。

二　モノを与えるときの基本

実験の道具などのモノを与えるときの方法としては、次の三つがある。

- （１）じらしてからモノを与える
- （２）モノを与えたら、最初にすべての部品を箱から出して触らせる
- （３）一つずつ説明をしながらしまわせ、残ったモノを使って実験をする

（１）じらしてからモノを与える

子どもたちが集中して楽しく実験をするためには、モノを与えるときに、じらしてからモノを与えるのが大切である。何回も何回もじらし、姿勢や態度を整えさせ、約束を決めていくと、子どもは前のめりになって集中するようになる。これは、じらすことによって脳からドーパミンが出て、集中するようになる

からである。また、じらすことによって「その実験をやってみたい」という気持ちが大きくなっていく。「させられている」という気持ちがあった子も「したくてたまらない」という気持ちに変わっていく。

「させられ思考」を「したい思考」に転換するのです。この転換ができれば、今までの受け身的な自分とはまったく違う、何事にも前向きで積極的な自分が誕生することでしょう。
（加藤俊徳『アタマがみるみるシャープになる!! 脳の強化書』あさ出版、四八頁）

(2) モノを与えたら、最初にすべての部品を箱から出して触らせる

実験キットを使うとき、たとえば豆電球を使うのに、キットの中には、車やプロペラなどのパーツがついていることがある。すると、子どもはそちらの方に興味や関心が行きがちになってしまう。実験キットの箱の外側には、中身の完成したモノの写真があるので、子どもたちはそれを早くやりたい、見たいという気持ちになる。そこで、実験キットを渡したあと、すぐに次の指示をする。

「箱の中身をいったん全部出しなさい」

これをするだけで、どの子も満足する。これをせずに「授業に必要なモノだけ出しなさい。使わないモノは出しません」と指示すると、箱のなかのモノが気になって、実験中に箱を勝手に開けて見たり、触ったりして実験に集中することができなくなってしまう。

全部のモノを見せ、触らせることによって、子どもは満足する。さらに、これからの授業で使う道具の見通しができて、この授業だけでなく、次の授業に対する関心や意欲が高まる。

(3) 一つずつ説明をしながらしまわせ、残ったモノを使って実験をする

実験キットのなかのモノを触らせたあとは、使わないモノはしまわせる。一つずつ説明をしながらしまわせることで、それぞれのモノを何に使うかが分かり、納得して箱のなかにしまうことができる。ここでポイントになるのは、子どもが納得しているということである。

本人が納得しないまま「好きなもの」を取り上げるのは、安心・安定のための支えを奪うことです。
（『自閉症のある子どもへの支援ガイドブック』京都府総合教育センター、六頁）

納得することでモノに対するこだわりがなくなり、授業に集中させることができる。また、特に片付けの苦手な子のなかには、使っていない小さな部品を気づかないうちに箱から落として紛失してしまい、次の実験をするときに支障が出ることがある。子どもは気づかないうちに落としているので「そんなものは元々入っていなかった」と言い、結局、元々なかったのか、その子が無くしたのかが分からないという状況が生まれる。

一つずつ確認してしまうことで、実験キットの中身がきちんと入っていたかどうかを確認することができ、確実にしまわせることもできる。さらには、残ったモノだけで実験するので、不必要なモノが机の上にない状態で実験させることができる。

7 図工 色の混ぜ方、水の加え方……「彩色」は教師の細やかな指導が必要

絶対NG指導
好きな色を出させ、自由に塗らせる。
言葉だけで指示をする。

一 彩色は、自由にやらせると失敗体験を積ませることになる

絵の具を塗るときに、いろんな色を混ぜてぐちゃぐちゃに塗ってしまう子どもがいる。水も好きなだけつけて塗ってしまう。教師は「では、自分で考えて塗っていきなさい」と指示するだけで、あとは何もしない。

自閉スペクトラム症（ＡＳＤ）の子の多くはこだわりがある。このこだわりがスケッチや彩色に影響してしまうことがある。

日本自閉症協会理事である本田秀夫氏は、著書のなかで次のように述べている。

> 自分の関心、やり方、ペースの維持を最優先させたいという本能的志向が強い。
> （『自閉スペクトラム症の理解と支援――子どもから大人までの発達障害の臨床経験から』星和書店、三頁）

配色や濃淡などは、一切考えない。自分の好きな色を好きなように塗りたくなってしまう。

このような児童に絶対にしてはいけないＮＧ指導は、「好きな色を出して塗らせる」ことである。

「自由に塗りなさい」と言った瞬間、自分の好きな色で塗り始める。こだわりがあるため、途中の変更は難しい。結果、同じ色でベタ塗りしたような作品が仕上がる。

この作品を見て、「なんでぼくはいつも失敗するんだろう……」と、失敗体験を積んでしまう。自尊感情が下がり、図工が嫌いになっていく。

また、図工の授業では「言葉だけで指示をする」こともＮＧである。「パレットの真ん中の部屋に黄色をたっぷり出して、その隣の部屋には青色を少しだけ……」と言われても、発達障害の子は理解できない。

たとえば、ＡＳＤには次のような特性がある。

> 音声による情報を受け取りにくく、視覚情報のほうが受け取りやすい。
> （榊原洋一『最新図解　自閉症スペクトラムの子どもたちをサポートする本』ナツメ社、八四頁）

どれだけ教師が言葉で伝えても音声情報が入りにくいため、理解できずに失敗してしまうことが多い。

図工の作品は、授業参観などで一般に公開するものである。みんなの目に触れるものだからこそ、絶対に失敗させられない、という教師の心構えが必要である。

二　彩色の技能を身につけさせる指導の基本

彩色は「技能」である。技能は教えない限り、一切、身につかない。

色の作り方、水の加え方について基本を示し、やってみせる実践がある。酒井式描画指導法研究会主宰の酒井臣吾氏の実践である。具体的な作業指示をしながら、きめ細やかな指導をしていく。

（１）色の混ぜ方の指導

（2）水をつける量の指導
（3）筆づかいの指導

（1）色の混ぜ方の指導

パレットにどのように絵の具を出していくのか。

酒井氏は黒板に下のような図を描き、同じように絵の具を出させている。どの児童にも一目で分かる。出し方はその都度変わる。題材に合ったやり方で示していく。様々な混ぜ方を学ぶことができる。

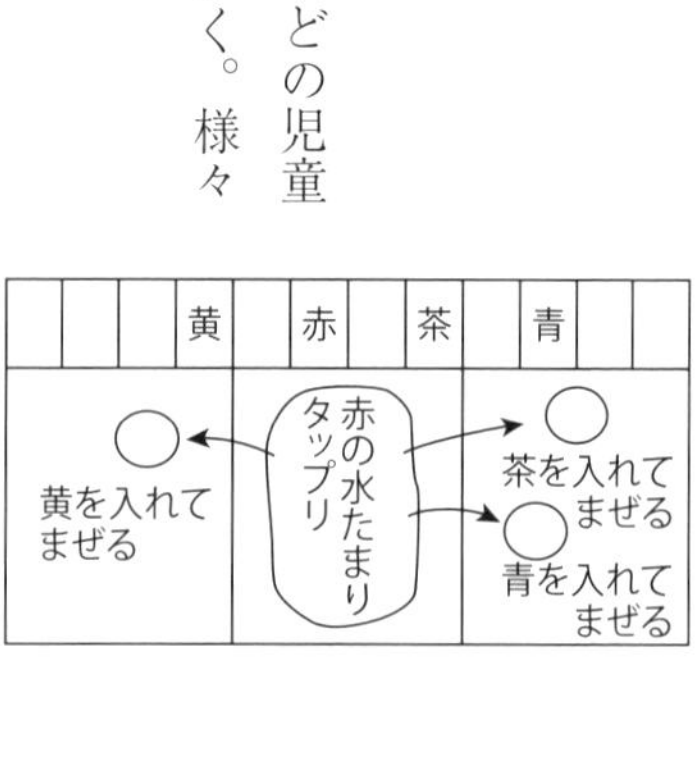

また、絵の具と水の混ぜ方についても、次のように指示する。

> 「マヨネーズとジュースの間くらい」
> （酒井臣吾〔編著〕『学年別 酒井式描画のシナリオ3年』明治図書出版、二二頁）

この指示は、「子どもを前に集めて」指導する。教師が作った絵の具を、実際に触らせてみる。「あーっ、これぐらいか」と言う子どもがいる。ここまでやって、はじめて教えたことになる。

（2）水をつける量の指導

水をつける指導で「たっぷりつけなさい」「少しだけつけなさい」などの指導を見たことがある。

どちらの指示も抽象的で、どのくらいがたっぷりなのか、少しなのか、分かりづらい。非常に曖昧なのである。題材によって変わるが、酒井氏は次のように指示している。

「大筆を筆洗の水の中につけなさい。そして、ソーッと持ち上げたら、（中略）親指と人さし指でしぼりなさい。（やってみせる）これを、五回やってください」

（酒井臣吾『酒井式描画指導法入門』明治図書出版、三一頁）

この作業指示は非常に分かりやすい。目の前で教師が示した通りに真似しやすく、五回という回数もはっきり示されている。どの子でも分かりやすい指示である。

(3) 筆づかいの指導

水彩画では彩色の筆づかいによって、作品のでき方が大きく変わってくる。表現の仕方はもちろんそれぞれの好みがあり自由であるが、技能である以上、最初は教師の指導が必要である。

酒井氏は顔の鼻や頬っぺたの塗り方、電信柱からシャボン玉の塗り方まで、それぞれに合った筆づかいを、子どもたちを教師のところに集めて実際に示しながら指導している。見本を示し、やってみせて、まず体感させる。できたら褒める。その繰り返しで、彩色の技能が育っていく。

このように基本を示され、分かりやすい具体的な作業指示があることで、子どもは安定して取り組むことができる。

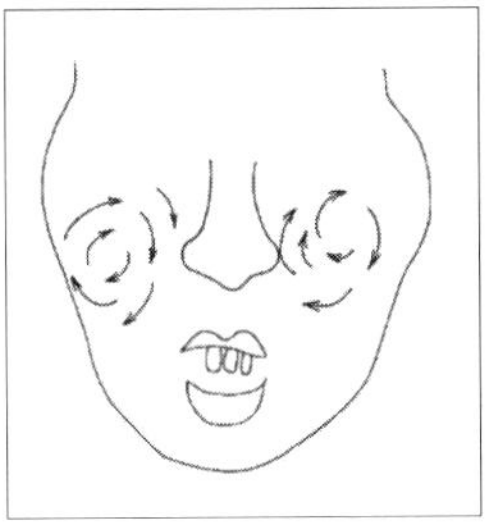

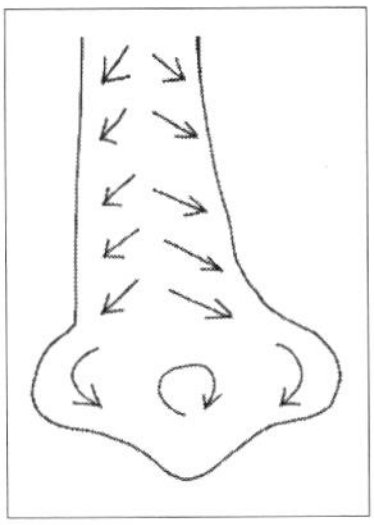

8

体育

縄跳び・鉄棒……器具を使った運動のポイント

絶対NG指導

やり方を教えず、反復練習させる。できないことに対して叱る。

「不器用さ」には理由がある

発達障害の子は、縄跳び、鉄棒といった器具を使った運動を苦手としていることが多い。

縄跳びなら「両足跳びができない」「すぐにひっかかってしまう」子がいる。鉄棒なら「つばめ」のような基礎の鉄棒運動ができない子がいる。

これらの困難さの原因の一つとして「感覚統合」ができていないことが考えられる。

どんぐり発達クリニックのドクターである宮尾益知氏は、論文のなかで次のように書いている。

> 各感覚も統合されていない状態であるために粗大運動、微細運動ともに不器用である。
>
> (「発達障害の代替医療――どんぐり発達クリニックにおける実践」『The Japanese Journal of Rehabilitation Medicine』日本リハビリテーション医学会、二〇一八年、五五巻一二号、九八九〜九九三頁)

たとえば、縄跳びを跳ぶためには「走る」「足をそろえる」「なわを見てジャンプする」という、いくつもの運動を組み合わせなければいけない。協応動作ができないため、様々な運動が苦手となってしまうのである。極度に不器用な児童は「発達性協調運動障害」と診断される。

不器用な子どもたちに対して絶対にしてはいけないNG指導は、「やり方を教えず、反復練習させる」

ことである。教師がやり方を教えず、「友達同士で教え合いなさい」と子どもに丸投げする指導も多い。教師が基礎的な感覚づくりを教えることができていないと、時間ばかり使い、子どもは失敗体験を重ねていってしまうことになる。

努力が足りないわけでなく、感覚を経験していないためにできないのだということを教師が理解し、対策を考える必要がある。

できないことを叱ってしまうこともＮＧである。叱られたら、できるようになるのだろうか。苦手意識をより強くもつだけである。

作業療法士の福田恵美子氏は、運動が苦手な児童についての論文のなかで次のように述べている。

> 自分のできなさ加減が分かっているため、苦手な動作や運動を避ける傾向にあり、微細運動の稚拙さが助長されてしまう。
> （「ひも結びや箸の使い方など細かな運動が苦手」『教育トークライン』東京教育技術研究所、二〇一六年六月号、五九頁）

縄跳びでも鉄棒でも、まずはその運動に必要な感覚を体感させること、そして少しでもできたことを褒めて、自信をもたせることが大切である。

二　縄跳びや鉄棒運動の感覚のつくり方

縄跳びが極端に苦手な児童は、その理由として手足の協応運動ができないことが考えられる。「手で縄を回す動き」と「両足をそろえて跳ぶ動き」の二つを同時にすることが難しいのである。

このような子どもに対しては、次のような指導を行う。

①ジャンプをしないで手を回す（動かす）
②縄を地面に置いて跳ぶ
③回してジャンプする感覚をつかむ
（根本正雄（編）『発達障害児を救う体育指導――激変！感覚統合スキル95』学芸みらい社、一三八～一三九頁）

初期感覚作りとして、両手で拍手やもも打ちをしたり、「片手で縄をもって回す『ヘリコプター』運動」や、「横で回す『車輪』の運動」をしたりする。これらの運動を行うことで、まず手で回す感覚をつかませることができる。

基礎感覚作りとして、置いた縄の上を跳んだり、いったん手で縄だけ回し、そのあと跳び越える運動などをしたりする。これらの運動を行うことで、跳ぶ感覚を身につけさせる。

基礎運動作りとして、フラフープを回して跳んだり、持ち手に新聞を巻いて柄を長くして跳ぶなどのスモールステップの動きをさせたりすることで、手首を回す感覚を身につけることができる。

このように手、足、手首と細分化し、それぞれのスモールステップの運動を行うことで感覚の基礎を作っていくことができる。

鉄棒が苦手な子の場合、「つばめ」ができない児童は腕で体を支える感覚や、バランスを保とうとする平衡感覚が乏しいことが予想される。

鉄棒が苦手な子に対しては、次のような指導を行うとよい。

①　握力を鍛える
②　跳び上がりをすすめる
③　「つばめ」の技へとつなげる
（同書、六〇～六一頁）

初期感覚作りとして「クマさん歩き」や「手押し車」、「雲梯に何秒ぶら下がることができるか」といった運動をする。それらの運動で握力を鍛えていく。

基礎運動作りとして、鉄棒に飛びつく運動を行う。はじめは一秒でも二秒でもよい。保持する時間を作り、次第に長く保てるようにしていく。

運動作りとして、技を教える。ここではじめて、腹を鉄棒につけること、肘を伸ばすこと、顎を上げて遠くを見ることなどを指導していく。

このように握力を鍛え、飛びつく感覚を経験させ、技へとつなげていくのである。

縄跳びや鉄棒など、器具を使った運動は、子どもに丸投げしてできるような内容ではない。それぞれの運動に必要なスキルがある。

運動を細分化して考えることで、どんな感覚が必要であり、身につけさせるべきなのかが見えてくる。

教師が指導し、できたら褒めて、満足感を感じられるよう指導していくことで、はじめて子どもは縄跳びや鉄棒ができるようになるのだ。

9

外国語

英語の文字指導は、「読み書き同習」が本当にいいのか？

絶対NG指導 ▶ ローマ字や例文を、ひたすらノートに写させる。

一 「読み書き同習」だけでは足りない「文字指導」

五・六年生「外国語科」の学習指導要領に、英語の文字に関する指導内容が明記された。

文字指導のための教材として、多くの学校ではアルファベットのワークが使われているだろう。ローマ字を繰り返し書く練習をするのにとても便利である。隙間の時間を有効に使うために用いたり、もしくは自習の時間に児童に課題として出す担任も多いと思われる。

英語科における文字は、音声を通じて身につけた英語を補助するものとして重要な役割を果たす。しかし、こういった指導を繰り返してはいないだろうか。

> ①「ローマ字を丁寧に書きましょう」と指示し、ひたすら児童にローマ字を書かせる
> ②そのあとノートを回収し、ノートを添削する
> ③練習した文字を読む練習をする

このような指導が続くと、意欲も削がれてしまう可能性がある。

二 文字指導は「音声」と結び付ける

学習指導要領には、外国語科の「書くこと」の目標について次のように示されている。

ア．大文字、小文字を活字体で書くことができるようにする。また、語順を意識しながら音声で十分に慣れ親しんだ簡単な語句や基本的な表現を書き写すことができるようにする。
イ．自分のことや身近で簡単な事柄について、例文を参考に、音声で十分に慣れ親しんだ簡単な語句や基本的な表現を用いて書くことができるようにする。

ローマ字の形を覚えることのみが目的になってはならない。文字は「音声」と共に学習される必要があるのだ。

また、文字を読んだり、音声を聞いたりすることで情報を受け取ることを「入力（インプット）する」という。英語習得に有効なインプットには、いくつかの条件がある。

1　理解可能な内容のインプット
2　自分の興味や関心、生活や将来に関係のある内容のインプット
3　真正性
4　音声と文字の両方をインプットすること

（村野井仁『第二言語習得研究から見た効果的な英語学習法・指導法』大修館書店、二七〜三二頁）

音声と文字の結び付きの大切さは今回の指導要領改訂ではじめて示されたわけではない。長年にわたる英語学習の研究結果からも、音声との結び付きが非常に重要であることが示されている。

また、読むことについても、

読みの力を伸ばすには、まず文字を認識する前に、「音」を認識できることが重要だとされている。
（田中真紀子・河合裕美「文字指導に対する小学校教員の意識――千葉県中核教員研修後のアンケート結果から」、一六五頁　https://www.jstage.jst.go.jp/article/jesjournal/16/01/16_163/_pdf）

とあるように、学習する児童に英語の音声が与えられることが大切である。どちらが先、というわけではなく、音声と文字が結び付くよう、両方を大切にすることが文字指導において欠かせない。

三　外国語学習における文字指導

文字指導に音声を取り入れるために、「書くこと」だけではなく「聞くこと」「話すこと」「読むこと」をバランスよく学習のなかで取り入れる必要がある。

井戸砂織氏は、読み書き指導について、

読み書き指導と話す指導を同時に行っている。
（TOSSランド「井戸学級6年　15分の読み書き指導」https://land.toss-online.com/lesson/8blWWbTykEpH8NoqwNlv）

また、井戸氏は次の学習活動を、たった「一五分」で行っている。

①自己紹介スピーチ　②あいさつ・天気・曜日を答える　③スモールトークをする

④列指名で答える　⑤一人の友達と会話する　⑥単語練習をする　⑦単語練習一対一
⑧単語練習バトルをする　⑨ライティングをする（プリント）
⑩プリントをなぞる　⑪書けた人からフリートーク　⑫板書されている単語をリピートする
⑬板書した子どもを指名してやりとりをする　⑭フリートークを発表する
⑮歩き回って会話する
（同上。一部表記変更）

四技能すべてを用いた活動のなかに、文字指導をしっかりと位置づけている。

文字指導はその活動一つで成立させるのではなく、音声との結び付きを意識させ、さらに意味づけを図ることが重要である。

英語の発音に、ＡＬＴの先生や英語に堪能な教師の手本が、必ずしも必要とは限らない。予め視聴覚教材やフラッシュ教材を用意しておけば、文字に音声と意味を結び付ける指導が誰にでも確保できる。日々の指導をルーティン化しておけば指導する側の負担は減り、児童も見通しをもって安心して指導できる。「発音を失敗してしまう」という指導者の心情は、知らずとも児童に伝わるものである。失敗を恐れることなく、担任とＡＬＴが協働し、楽しい雰囲気のなかで指導することが、英語の力を高める近道ではないだろうか。

10 プログラミング 失敗を極度に嫌がる子に「トライ&エラー」はなじむのか？

絶対NG指導 説明なく、「トライ&エラー」を繰り返させる。

一 トラウマにさせる危険な指導

「プログラミング的思考」では、次のようなことが求められる。

> 児童は試行錯誤を繰り返しながら自分が考える動作の実現を目指しますが、思い付きや当てずっぽうで命令の組合せを変えるのではなく、うまくいかなかった場合には、どこが間違っていたのかを考え、修正や改善を行い、その結果を確かめるなど、論理的に考えさせることが大切です。
>
> （『小学校プログラミング教育の手引き』第三版、文部科学省、一七頁）

エラーが起こることが前提なのだが、教師のなかには説明なしでいきなりエラーさせる人がいる。たとえば「はじめから説明をすると学びにならない」「失敗を繰り返すなかで分かるようになる」と言い、わざとエラーを起こすかのように、操作方法や道筋の見通しを示さないのである。

しかし、学級内にいるＡＳＤ傾向の強い子はエラーをなかなか受け入れられない。エラーを繰り返すと意欲が減退し、学習に取り組まなくなることもある。

エビデンスのある教育論文を検索するサイト「ＥＲＩＣ（https://eric.ed.gov/）」で検索すると、「自閉症の子どもたちにはエラーレスラーニングが有効である」という論文が一二二件ヒットする。つまり、ＡＳＤの子どもにはエラーレスラーニングが基本であることが分かる。

英国の医師ロナ・ウィングは、ＡＳＤ傾向の特性について次のように定義している。


社会で必要な三つの能力「コミュニケーション力・想像力・社会性」に問題を抱えている。

（Lorna Wing：Asperger's syndrome：A clinical account. Psychological Medecine 11：115-129, 1981）


想像力に問題がある場合、見通しがもてないことや経験がないことに対しては取り組みにくく、失敗した場合には二度と取り組まなくなる可能性もある。

想像力が働きにくい児童にとって、見通しがもてない失敗の連続は、苦痛でしかないのである。

二　失敗を極度に嫌がる子への指導の基本

エラーに敏感な児童への手立ての例としては、次の二つが挙げられる。

- （１）手順を示して見通しをもたせる
- （２）エラーに対する抵抗感を減らす

（１）手順を示して見通しをもたせる

プログラミングは自由度が高い。ＡＳＤ傾向が強い子は「何をすればいいか分からない」「僕は何もできない」と不安を募らせ、遠ざかってしまう。

単にエラーを繰り返すことによる危険性について、木村大樹氏は次のように言う。

ＡＳＤ児・者においても自己評定によるソーシャル・スキルの低さが対人不安の強さと関連しているという結果が出ている。

（「自閉スペクトラム症およびその傾向を持つ人の対人不安」『仁愛大学研究紀要　人間学部篇』二〇一九年、一八号、四九～六一頁）


見通しもなく繰り返すエラーにより、自己評定は低下する一方である。

こうした児童を救うためには、まず一定のレベルまでの手順を示す必要がある。

「Ｈｏｕｒ　ｏｆ　ｃｏｄｅ（https://hourofcode.com/jp/learn）」は、プログラミングの手順を示すために最適のサイトである。

このサイトでは、プログラミングの基礎をゲーム感覚で学ぶことができる。教師の準備も不要である。ヒントも表示されるので、解決までの見通しをもちやすい。なじみのあるキャラクターが出てくるので、低学年にもおすすめだ。

高学年には「ｓｃｒａｔｃｈ」（https://scratch.mit.edu/studios/1168062/）がおすすめだ。このサイトの良いところはバリエーションが豊富な点である。

他にも、「ＮＨＫ　ｆｏｒ　ｓｃｈｏｏｌ」では「Ｗｈｙ!?　プログラミング」という番組がある（https://www.nhk.or.jp/school/sougou/programming/）。これは、課題を解決する手順を丁寧に説明してくれるだけではなく、課題をダウンロードできるので、番組を見ながら実際に行うことができる。サイトにアクセスするだけなので休日や休校の際にも子ども自身で学習することもできる。

その他にも、算数「円と正多角形」や理科「電気の利用」など、教科書に記載されている内容に対応したサイトであるプログル（https://proguru.jp/）も使いやすい。プログラミングを学習できるサイトは多数あるが、前述のように教師の準備が少なく、手順が分かりやすいものがおすすめである。

> ASD傾向が強いと、音声による情報を受け取りにくく、視覚情報の方が受けとりやすい特性がある。
> （榊原洋一『最新図解 自閉症スペクトラムの子どもたちをサポートする本』ナツメ社、八七頁）

ワークシート等を活用し、プログラムの組み方を視覚的にイメージさせることも有効だ。完成形をあらかじめ見せておくことで、そこまでの手順を想起しやすくすることができる。

（2）エラーに対する抵抗感を減らす

プログラムを組む過程において、エラーは必ず起こる。だからこそ、その抵抗感を減らすことが欠かせない。具体的な手立てとして、エラーが起こる前提でプログラムを組むことを伝える、ということが挙げられる。想像力に問題を抱える子どもたちは変化を嫌う。だからこそ「このプログラムを組むのに、優秀な人でも三回は間違えます」などと教師が説明しておくことで、エラーが起こることを予告し、不安を軽減することができる。

また、教師がエラーを見せることも有効だ。たとえば教師が実演し、うまくいかないところを見せる。どのように改善すればよいかを問い、自分でやってみさせるという方法がある。失敗を疑似体験させ、解決方法を客観的に考えさせることで、見通しをもって活動に臨むことができるようになる。

トライ&エラーは、適切な手立てによってこそ深い学びへとつながるのである。

第2章

集団での学習場面 編

1

具体的な指示のないグループ学習は大変

絶対NG指導

「自分で考えなさい」「自由にやりなさい」
「自主性に任せている」という抽象的な指示。

一 抽象的な指示は、なぜ分かりにくいのか？

理科室での実験。教師が、必要な道具をすべて箱に入れて準備しているのを見かける。「机の上を片付けたところから実験を始めます」という指示で、子どもたちが動き出す授業だ。

この展開の授業では、グループの気の利いた子が箱を取りに行き、数人の子で次々に実験を進めてしまう場合がある。このような場合、子どもたちから「僕（私）もやりたい」という訴えが出てくることが多い。その際、「どうしたら仲良くできるのか、自分で考えなさい。先生は何も言いません。高学年だから、先生は、みんなの自主性に任せます」という対応をすると、グループ学習は大変になる。

なぜだろうか。それは、

> 実行機能（将来の目標達成のために適切な構えを維持する能力）に問題を抱える場合、社会的認知能力の弱さを別の形で補償するということがうまくいかない。
> （森口佑介「実行機能の初期発達、脳内機構およびその支援」『心理学評論』心理学評論刊行会、二〇一五年、五八巻一号、八三頁）

からである。

抽象的な指示が成立するには、前提条件がある。それは、具体的な場面と解決策を想像できることだ。複数のことを同時に想像することができてはじめて取捨選択が可能となり、解決の糸口を見つけられる。先の理科の実験では、過去に班で楽しく実験したという成功体験が蓄積されていなければ、解決策を想像することが難しい。

二　グループ学習での有効な方法

グループ学習を、うまく成立させるためには、次の三つの対応が必要である。

- (1)役割を「明確」にする
- (2)途中段階で「確認」する
- (3)活動を「評価」する

(1)役割を「明確」にする

席を決めるときに、班長・副班長だけではなく、一番、二番……と番号も決めておく。四年生の温度の変化と水の変化を調べる実験を例に挙げる。一番はビーカー。二番はスタンド。三番は実験用ガスコンロ。四番はガスボンベ。五番は温度計とアルミホイル。そして準備した人が後片付けもする、といったように役割を分担する。

このように役割を明確にしておくと、子どもたちは自分の役割に専念できるため、何をしていいのか分からず困るということがなくなる。さらに、記録係は班長、授業後のノート提出は副班長としておけば、実験中だけではなく、授業後の役割も明確となる。

なお、役割を伝えるときは「具体的に確認しながら伝える」ことが大切である。教師が決まった役割を口頭だけで伝えるのではなく、確認のなかに、子どもたちの活動を入れる。具体的には、「一番の人、手を挙げます。(確認)はい。ビーカー、……二番の人、手を挙げます。(確認)……」という流れにする。

(2)途中段階で「確認」する

活動が長時間になると当初は見通しをもっていても、時の流れとともに忘れてしまうことがある。

そこで、活動の流れを止めないことに配慮しながら、短時間で活動内容を確認する。

火を使う実験では、実験準備が終わった段階で、班長が手を挙げるように指示する。挙手した班から教師が近づき、たとえばガスボンベが実験用ガスコンロに正しく装着されているかどうかを確認する。教科書に書かれている注意点は、実験の直前の確認だからこそ、子どもたちが想像しやすい。

さらに、実験終了後に何をするのか(実験道具を片付ける、ノートを書く、班長が黒板に結果を書きに行くなど)を確認するのも有効だ。教師が事前に、黒板に簡単な表を書いておく。なぜなら、子どもたちが実験結果を板書することで教師と子どもたちで情報を共有し、クラス全体の進行状況を確認することができるからだ。確認する際は、指導の側面よりも、指示されたことを指示通りに活動していることを褒める点も忘れないようにする。

(3)活動を「評価」する

活動と評価はワンセットである。活動したら、すぐに評価する。評価する際のポイントは、二つある。

一つ目は、教えたことができているかどうかを評価の対象とすること。二つ目は、できていれば褒めること。できていると安心してしまい、教師は何も言わずその場を去ることがある。「教えて褒める」が大前提である。褒める場はないかと考えることで、子どもたち一人ひとりの自己肯定感を高める場をもつことができる。評価は「小刻みに何度も実施」する。「記録係の班長が机の上にノートを出し、記録している」「火を使う実験で、子どもたちが立って実験している」など、活動を短いパーツに分けて評価する。

では、活動と評価のセットは、四五分授業で何回を目安とすればよいだろうか。

目安は「八回」である。「約六分に一回」のペースで活動を評価していく。評価することのねらいにより、教師の言葉かけは変わる。

【ア．子どものやる気を高めたいとき】

「いいね」「上手」「すごい」などと一言でよい。また、子どもが活動している様子を繰り返すという方法もある。たとえば何かを書く指示をしたときに、「（鉛筆で）書いてる。書いてる。」と言葉かけをするとよい。

授業中に、子どもたち一人ひとりにノートを持って来させ、赤鉛筆で丸を付ける方法もある。時間があれば、子どもたちが書いた文章の良い部分に線を引いた上で丸をつけると、さらにいい。何が良くて丸を付けてもらったのかが、子どもたちにとってより明確になるからである。

【イ．今後の学習につなげたいとき】

一時間（もしくは一単元）のなかで子どもがどのように成長したかを、具体的に評価とともに話す。

話す時間がなければ、回収したノートに書く方法もある。その場合、活動後できるだけ早い段階にする。時間が空くと、何が良くて褒められたのかを体感しにくいからである。

2

長い話し合い活動は、集中できない

絶対NG指導
学級会などで話し合い方を教えずに、ずっと話し合い活動をさせる。

一 子どもに丸投げした話し合いは、子どもの集中力を減退させる

「長い話し合いの時間は、どこに集中していいのか分からない。頭のなかが思考停止退屈で遊んでしまう。そういうとき司会の言うことが理解できない。どの『ことば』に集中すればいいか伝えてもらう」

これは『発達障がい児本人の訴えⅡ』に出てくる実際の声である。学級会などで一時間丸ごと子どもたちだけで進めさせると、主題から逸れたり間延びしたりする。最も避けたい状況である。

> 教師は子どもたちだけに任せるのではなく、途中介入をたびたびして、変化をつけたり、それまでのことをまとめたりして、飽きさせないようにしたい。
> 教師は、あらかじめ話し合いや学級会などのキーワードを挙げておけば（黒板などに書いておけば）、龍馬君も反応しなければならない言葉には集中するだろう。
> （『発達障がい児本人の訴えⅡ』、三二頁）

話し合いを適切な方向に導くのはどの子にとっても大切であり、教師の役目である。
また長い話し合いは、相互的なやり取りが苦手な子にとっても、弊害が大きい。

> 自信のなさ以外にも不適切な考え方につながることもあります。（中略）人の話をうまく聞き取れない、

自分のことに気づけない、人の表情が読めない、状況が読めない、などは自信のなさ以前の問題で認知機能の弱さ、発達障害、境界知能を含む知的なハンディ、グレーゾーンなどが原因になっている可能性もあります。（宮口幸治『マンガでわかる 境界知能とグレーゾーンの子どもたち』扶桑社、一〇五～一〇六頁）

気が散ってしまったりワーキングメモリに弱さがあったりする子どもたちにとって、長く話し合いをさせることは苦痛な時間が続いているだけである。

一方、話を聞いても理解できない場合、それを隠すために、静かに困っていることもある。集中できない時間が続くと別の行動を取ることによって、様々な子たちにとってストレスになる話し合いともなってしまう。

二　話し合い活動を組み立てるときの基礎スキル

話し合い活動の対応は、次の三つである。

- (1) 話し合う人数を少なくする
- (2) 話し合う時間を短くする
- (3) 話し合いに必要なスキルを教える

(1) 話し合う人数を少なくする

話し合いをさせる場合にはいつも学級全体や複数名のグループにしないようにする。有効なのは「お隣さんに相談」「ここまでの感想をお隣さんに言ってごらん」などの指示をして、隣の席の子と話し合わせることである。隣同士なので、すぐに話し合いを始めることができる。また、話すか聞くかのどちらかを必ず担う状況になるので取り組みやすい。当事者意識も高くなる。

話し合う際には、立たせることも有効である。毎回立たせるわけではないが、「立つ」という行動が入ることで、今から話し合うのだという行動のきっかけにもなる。

「全員起立。ここまでの感想をお隣さんに言ったら座ります」
「立ちましょう。三人の人と意見交流したら座ります」

また、いつも隣であればマンネリすることもある。その場合は立ち歩かせて、話し合いをさせるとよい。二人組で話し合うのだが、相手を変えることで集中力が長く続きやすい。

(2) 話し合う時間を短くする

少人数であっても、時間は短く設定する。集中が途切れてしまうからだ。気が散ってしまったり別の行動をしたりする前に切り上げるようにする。

時間を短くする際には、「○分間、話し合いをします」というように時間を設定した上で話し合わせるよりも、時間を設定せずに話し合わせる方がスムーズである。時間を区切る場合は、次のようにする。

話し合っている様子を教師が見取り、話し合いの途中でも切り上げるようにする。

「もう少し話したかった」くらいでちょうどいい。三人と意見交流をして座るよう指示したとしても、全員が終わっていなくても半分以上が終わっていたら切り上げる。話し合うときの人数を少なくしているので、その分、話す機会は多くなる。一回あたりの話し合いは短くして、頻度を増やすようにするとよい。その方が活動にメリハリができ、話し合いにも集中できる。

（3）話し合いに必要なスキルを教える

話し合いに慣れていき、集中が続くようになるには、話を聞いたり続けたりするためのスキルを少しずつ教えていくようにする。

聞き手の良い姿として、次のようなことを教える。

相手の目を見る／うなずいて聞く／あいづちを打ちながら聞く／手や足をぐじぐじしない

こういったことを一度に伝えるのではなく、少しずつ伝えていく。たとえば次のような言い方だ。

①「（話し合いの途中で）ストップ。今、話し合うときに相手の目を見ていた人？　えらいね。そういう人は聞き上手です。では、続きをどうぞ」↓続きを話し合わせる

②「話し合いをやめて。相手の目を見て聞けたよという人？　すごい。さっきよりも増えましたね。目を見ようと努力した人？　その人もえらいです」

基本的にできている子を褒め、価値づけることで、体感させていくとよい。

3 グループでの学習はストレスが高い

絶対NG指導

所・時・物を与えず「自分たちで工夫してやりなさい」と、子どもたちに丸投げする。

一 子どもに丸投げするグループ学習は、発達障害の子を混乱させる

「班で話し合いなさい」「班で工夫してやりなさい」。あらゆる教科で教師はつい、このような指示を出すことが多い。向山洋一氏の『授業の腕を上げる法則』に「場所と時間とモノを与え、やることが明確であれば子ども達は動く」とある。具体的な指示もなく子どもたちに丸投げでは混乱し、ストレスが高くなる。

二 曖昧な言い回しや暗黙のルールを理解することが苦手

子どもたちだけのグループ学習では、子どもならではの曖昧な言い回しや暗黙のルールが発生しやすい環境になる。言葉をそのまま受け止めてしまったり、微妙なニュアンスの違いが分かりにくかったりするASDをはじめとする発達障害の子は、グループでの学習にストレスを感じてしまうことが多い。

このような対人関係の弱さには、会話力の問題がある。

> コミュニケーション力とは（中略）相手との距離の取り方、相手の気持ちを理解する力、他者とのトラブルを解決する力、なども含まれます。生きづらさを感じている子どもたちはここがうまくいかず、ストレスとなることが多いようです。
>
> （宮口幸治『不器用な子どもがしあわせになる育て方』かんき出版（電子書籍版）、九七頁）

教師の目の届かない状況で、子どもたち同士の微妙なニュアンスの違いや暗黙のルールを理解できずに学習が進んでしまうと、不安や不満を抱えたままになってしまう。また、そのことをすぐに言い出せずにストレスを感じてしまいがちになる。事前に役割やルール、所時物を明確にしないまま、子どもたちに丸投げするグループ学習ではトラブルが発生しやすく、本人も周りの児童にとっても多くのストレスになる。

三　ノンストレスのグループ学習の指導法

(1)「所時物の原則」をフル活用する

所……グループ学習時、机の並べ方ひとつとってもグループ学習が成立するか否か分かれる場合がある。たとえば七つの机を合わせて話そうとすると、端の児童は会話にうまく入れないときがある。その場合、机は六つにして、椅子だけを寄せるなど少し工夫をすることで、みんながうまく会話に入れる場合があることを教師は配慮しておく必要がある。

時……時間制限を設けておくと同時に、進捗状況を報告させ確認する必要がある。

物……子どもたちに活動を保障するためには、十分な物の数が必要だ。その活動に見合った物があるかどうかを確認した上で、グループ学習をさせることを怠ってはいけない。

(2)グループ学習時の話し合いのルールの確認

いきなりグループ活動をさせないで、次のようなルールを全体で確認してから活動に入る。

① 他人の発言をさえぎらない。

②話すときは、だらだらとしゃべらない。
③話すときに、怒ったり泣いたりしない。
④分からないことがあったら、すぐに質問する。
⑤話を聞くときは、話している人の目を見る。
⑥話を聞くときは、ほかのことをしない。
⑦最後まで、きちんと話を聞く。
⑧議論が台無しになるようなことを言わない。
⑨どのような意見であっても間違いと決めつけない。
⑩議論が終わったら、議論の内容の話はしない。
（北川達夫・フィンランドメソッド普及会『図解 フィンランド・メソッド入門』経済界、六九頁）

このような話し合いのルールをきちんと指導してから、グループ学習を行う必要がある。このような指導をせずに、いきなり子どもたちに任せた丸投げの活動をさせてはいけない。

(3) ロールプレイ・ソーシャルスキルトレーニング

話し合いのルールを設けてもコミュニケーションが苦手な子どもは、すぐにできるようにはならない。しかし、ロールプレイを取り入れたソーシャルスキルトレーニングを積むことで、課題を克服することができる。NPO法人「発達障害支援アカンパニスト」の柳下記子氏が実践する聞き方のトレーニングを例に挙げる。三人一組になって、「話す人」「聞く人」「評価する人」を決める。評価する人がチェック項目にしたがって、聞く人の評価をする。

チェック項目
一　相手を見ていましたか。できていた・少しできていた・もう少し見るといい
二　自分のしていることをやめられましたか。できていた・少しできていた・落ち着きがなかった
三　時々うなずくことができていましたか。できていた・少しできていた・もう少しうなずくといい
四　最後まで聞いていましたか。できていた・少しできていた・気持ちが向いていなかった
よかったところを書きましょう。（自由記述で）

（『発達障害がある人のためのみるみる会話力がつくノート』講談社、三九頁）

このようなワークシートにそって評価をするとよい。この評価は悪いところ探しではなく、上手にできているところや本人が気づいていない良いところを伝えるのが目的であることを最初に趣意説明しておく。

（４）適切な相づちの打ち方や短い言葉を挟む練習

さらに慣れてきたら、首を縦に振る相づちだけではなく、短い言葉を挟むとより会話が活性化することも教えておくとよい。「へえ」「なるほど」「いいねえ」など肯定的な言葉を教える。また、これらを挟むタイミングは相手の会話が途切れたときと教える。

普段の一斉授業の場面でこれらを少しずつ指導し、良いモデルがクラスのなかにたくさんいる状態でグループ活動へと移行していきたい。決して何の指導や準備もなく安易にグループ活動をさせてはいけない。

4 グループで一緒に作品を作る必要があるか？

絶対NG指導 ▶ 全員一緒に、模造紙に書いていく。

一 全員で同時に、同じ作業をする必要性はあるのか？

国語や社会の学習をはじめとして、単元の終わりに時間をかけて班全員で大きな模造紙を使った作品を作り上げ、教室横の廊下や掲示板に飾る。保護者の方は何時間もかけて作られた模造紙を見て、子どもの学校での活動の様子を知り、「しっかりやっているのね」と安心される。

見栄えがするので、一見、素晴らしい活動のように見える。しかし、全員一緒に作品を作ることで本当にすべての子どもが楽しく活躍できるのであろうか。

日本の学校では「みんな」で何かに取り組むことにまだまだ比重が置かれている。

「みんな」で活動することが当たり前になっている環境は、「他のみんなが○○しているから、あなたもそうするのよ」といった教師からの声掛けに溢れている。そして、それを聞いた周りの子どもたちも「みんな」でやることこそが正しいことであり、違うことをしていたり、足並みが揃わなかったりするクラスメイトを排除するような振る舞いを無意識のうちにしてしまうようになることが少なくない。

また、発達に特性のある児童にとって、全員で同じ活動をするというのは苦痛になることが多い。

『発達障がい児本人の訴え I』では、グループでの学習について次のように述べられている。

> なにをしたらいいか分かりません。協力・相談ということは、一番辛いことです。いろんな人がいるので、どうしたらいいか分かりません。「自分で考えなさい。」とか「自由にやりなさい。」とか「自

主性に任せている。」とか言わないでほしいです。ふつうの子達なら分かることかもしれないけど。

（『発達障がい児本人の訴えⅠ』、二五頁）

全員で作品を作るとなった際、「じゃあ○○君はここを担当してね」となったとする。特に特性のある子は、具体的に一つひとつの作業を示し、どれくらいのペースで取り組めばよいのか把握できなければ、何をしていいのか分からない。作業を始めたとしても、周りの子どもたちから、

「早くしてよ！」

「○○くん、ちゃんとやって！」

などと言われてしまう可能性が高い。

結果、「自分はダメなんだ」と自己肯定感が低下する。

無理やり活動を強制することによって、二次障害を引き起こす可能性があることを教師は知っておく必要がある。

二　一緒に作品を作る活動に取り組む上での留意点

一緒に模造紙などの作品を作るときは、次の点に気をつける。

- （1）そもそもこの活動は、一緒にやらなければならないのかを再検討する
- （2）短く何度も個別評定する
- （3）作るのにあたって必要なプロセスを先に明示する

(1) そもそもこの活動は、一緒にやらなければならないのかを再検討する

「なぜ一緒にやるのか」「なぜ個別に作成してはいけないのか」「一緒に作ることによって、どのような良いことが子どもに起こり、どのような悪いことが起きる可能性があるのか」ということを事前にすべて洗い出してみる作業が必要になる。

一緒にやらなければならない活動ならば、一緒にやる理由や一緒に作ることの良さについて、最初に子どもに語って聞かせることだ。見通しをもつことができれば、発達障害の子も取り組みやすくなる。

(2) 短く何度も個別評定する

活動を始めてから、子どもたちに作業を丸投げにしていては、特性のある子にとっては苦痛の時間がひたすら続いていくことになる。活動が始まったら教師が活動している班を回り、「一班は、まもなくタイトルが終わりますね」というように、作業がどこまで進んでいるかを短く実況中継する。

何をしたらよいか分からない子どもがいる場合には、「次は○○をしたらいいね」などと短く簡潔にアドバイスする。短く評定することを積み重ねることによって、どの子も安心して作業を進めていくことができる。

(3) 作るのにあたって必要なプロセスを先に明示する

発達障害の子は、見通しのもてない作業には不安感や恐怖感をいだいてしまう。

そこで、作成に取り掛かる前に、どんな作業があるのかを先に明示しておく。たとえば、国語科で新聞を作る活動であれば、おおまかに「①テーマ決め」「②記事の作成」「③題名の決定」「④割付の構成」「⑤清書」の五つの活動があり、それぞれの活動にはどのようなステップがあるかを先に示しておく。

聴覚情報に弱い子がいることも想定し、黒板に手順を書いておく。授業が終わったらスマホなどで写真に撮っておき、次の時間からはこの写真を提示する。手順が明示されていることでどの子も見通しをもつことができ、安心して活動に向かうことができる。

(4) 一枚の模造紙をパーツに分け、一人一つ担当する

大きな作品をいくつかのパーツに分けて作成し、それぞれを合わせて完成という形にする。それぞれにコピー用紙やワークシートを配付し、自分の担当の記事を書くようにする。自分が作成する部分が明確になると、発達障害の子も取り組みやすくなる。

最初の段階でそれぞれの記事の担当を決め、決まったものに対して一人ひとりが作成していく。自分のやる作業は「この部分を完成させればよい」のだとゴールが明確になる。

パーツに分けるというのは模造紙に限ったことではなく、グループで一つのものを作る活動を行うときにも応用することができる。

C さん	A さん
D さん	B さん

5 小集団にすればグループ学習ができるようになるのか？

絶対NG指導 小集団に分けるだけで、細部まで役割分担について指示をしない。

一 グループ学習でありがちな失敗

授業中、「班に分かれて話し合いなさい」という場面がある。

討論をするときに、いきなり全体で討論をさせようとすると失敗する。向山洋一氏も、四年「春（安西冬衛）」の授業の際に、班に分かれて意見を一通り出させてから、全体討論に移行する実践を紹介されている。

適切なグループの構成人数について、北里大学教授の堤明純氏らの研究では次のように述べられている。

> 4人グループの学生の方が6人グループよりも学習に対するコミットメントが高い結果が得られた。
> （「小グループ学習における適切なグループ構成人数」『医学教育』二〇〇一年、三二巻二号、七三頁）

四人の生活班で学習することは、科学的にも意味のある学習であると言える。

しかし小集団に分けただけで放置していると、様々な問題が発生する。たとえば、決めなければいけない役割がなかなか決まらない。役割をジャンケンなどで決めているうちに、次の指示を聞き逃してしまう。ひどい場合は、グループ内でケンカが始まることもある。それらの対応で活動の時間が削られ、授業が停滞してしまうことがある。

堤氏らの研究は次のようにも述べている。

小グループ学習の効果を上げるためにも、教師が個々のグループ学習に関与し、グループダイナミックスをコントロールしていく必要性を感じた。
（同書、七五頁）

小グループに分けただけでは、子どもの学習効率は上がらない。特に発達障害の子どもたちは、小グループに分けられただけでは、何をすればよいか分からない。彼らは脳の「実行機能」に課題を抱えているからである。

子どもの発達科学研究所主席研究員の和久田学氏は、実行機能について次のように述べている。

実行機能とは、何らかの課題を遂行するにあたり、①その課題を達成するための手順を見いだし、②その手順に沿った行動をするために、様々な刺激や欲求を抑制しつつ注意集中を継続し、③適切に思考や注意を切り替えるといった機能をいう。
（「教室に直結する非認知能力とは」『教室ツーウェイＮＥＸＴ』第２号、学芸みらい社、一六頁）

小グループに分けたあと、教師が実行機能を補完するような手入れをしなければ、小グループであっても学習活動は破綻する。

二　小集団におけるグループ学習の基本

グループ学習の指示の基本は、次の三つである。

(1)役割は教師が決める
(2)「誰が」「何をするか」を明確に示す
(3)役割を定期的にローテーションする

(1)役割は教師が決める

未成熟な小グループの場合は、教師が役割を決める。話し合いをする時点でトラブルが生じると、トラブル解決のためにワーキングメモリを一つ使うことになる。発達障害の子の場合、ワーキングメモリに課題のある子が多いため、トラブル処理だけで頭がいっぱいになってしまい、学習に集中できない。

教師が決めてしまうことで、発達障害の子も学習に集中することができる。

(2)「誰が」「何をするか」を明確に示す

役割の決め方には様々な方法があるが、次の方法がおすすめである。

> 座席によって番号を決めておき、番号ごとに仕事を割り当てる。

四人班であれば、下図のように「右前の席は一番、左前は二番、右後ろは三番、左後ろは四番」と決めて、図を黒板に書いておく。

この班番号を使って仕事を分担する。たとえば話し合いならば、一番は発表、二番は記録などと指定していく。物の用意も同様に決めて指示をする。調べ学習

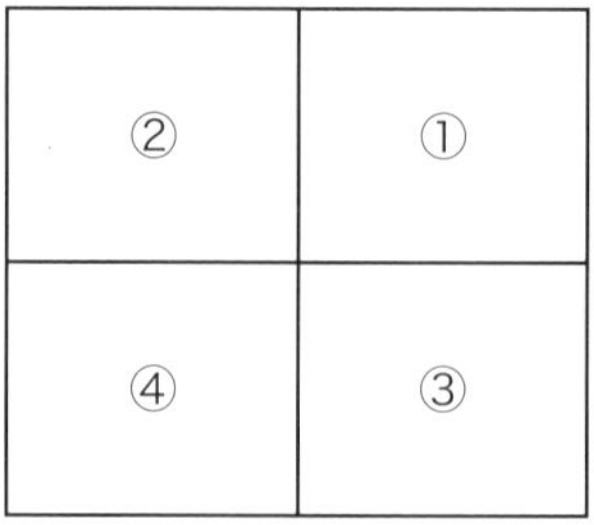

では、一番は一〇ページ、二番は一一ページなどと調べるページを指定することもできる。

役割を明確にすることで、遊ぶ子はいなくなる。発達障害の子も自分の役割が明確になり、動きやすくなる。

(3) 役割を定期的にローテーションする

ただ、毎回同じ番号の子が同じ役割をしていると、子どもの緊張感がなくなる。

そこで、役割を定期的にローテーションする。「今日は発表二番、記録三番、司会四番、道具準備一番」「明日は、発表三番、記録四番、司会一番、道具準備二番」のように、ローテーションを組んで授業を進める。全員が均等に仕事を経験することで、経験をもとに班員にアドバイスをしたり、フォローしたりする力が自然と身につく。

様々な役割を教師が決めたときに子どもから文句が出る可能性もあるが、自由にやらせてはいけない。

和久田氏は、発達障害の子の集団学習について次のように述べる。

> 実行機能を意識するならば、計画を立てること、手順を考えること、活動後に振り返りをすることを、学習の過程に必ず組み込まなければならない。
> 子どもたちに与えるのは、ある程度の自由であり、それらは子どもの意図を実現するためのフィールドである。
> （同書、一七頁）

教師が意図的にグループに介入しない限り、グループ学習で力はつかないのだ。

6 全体で「討論」を成立させるための一工夫

絶対NG指導

発表に慣れさせていないのに討論を行う。
書く力・聴く力を鍛えていないのに討論を行う。
記憶の補助もなしに討論を行う。

一　発表に慣れさせていないのに討論を行う

「なんで発表しないのだろう」「普段元気なのだから、もっと発表すればいいのに」と思ったことはないだろうか。うまくいかないのは、鍛えるという期間がないからだ。討論では、考えの根拠となる文章を見つけ、自分の意見を考え、意見を書き、周りにその意見を伝え、相手の意見を耳で聞き、メモをとる、頭のなかで新たに考えるなど、作業が多い。

様々な困難を抱える発達障害の子どもたちに対して、一切の援助もなく、いきなり討論をさせるのは配慮がなさすぎる。たとえば、それぞれの困難さの一部を挙げてみる。

> 知的障害……メモリー（記憶容量）　ADHD……不注意、衝動性
> LD　……読み、書きなど　自閉症　……メモリーの多さ
> （河野政樹『発達障害コミュニケーション初級指導者テキスト』日本医療福祉教育コミュニケーション協会、八、一〇、二〇、二一頁）

いきなり討論をさせるのではなく、まずは発表に慣れさせるなど負担を減らしていくことで、子どもた

ちの困難さを軽減させるという考え方が重要となる。

　では、どのように鍛えることで発表に慣れさせるのか。まず、考えるという負担を軽減させるために、書いてあるものを読ませて発表に慣れさせ、鍛える必要がある。

（１）一工夫①：書いてあるものを読ませる

　たとえば音読の際に、隣の子と交代読み、班のなかで交代読みなど、徐々に聞いてもらう人数を増やして発表に慣れさせる。交代読みをしている最中に、教師は全体を回りながら苦手な子が読めているかを確認していく。読めていれば、「この列の人、句点で交代読みね」とその場に一人ずつ立たせて読ませる、列での交代読みなども行う。一班全員で句点まで読んだあと、二班全員で次の句点まで読む、班ごとの交代読みも可能である（一列全員で読ませる、一行の暗唱なども行う）。

（２）一工夫②：褒め言葉をたくさんかける

　隣や班で交代読みのときも回りながら褒め言葉をかける。また、列指名のとき、一人で読めたこと、声が大きいこと、大きくなったこと、姿勢など、何か一つ褒め言葉を必ず添えることで、挑戦して良かったと思うようにすることが重要となる。

（３）一工夫③：前に立たせる

　その場で立って読むことに慣れてきたら、前に立たせて読ませる。その場で発表するのと、みんなを目の前にして読むのとでは大きな差がある。一人ではなく、隣と、班全員とで立たせてもいいだろう。このとき、注意が必要なのは、長い文章を読ませないことだ。詩など短い文章を一行読ませ、読み終わったらすぐに席に戻らせる。次の子は扉の近くに立たせているので、前の子が読み終わったらさっと黒板の前に行き、テンポよくどんどん交代する。

二　書く力・聴く力を鍛えていないのに討論を行う

書いてあるものを読むのに慣れてきたら、今度は意見を発表することに慣れさせなければならない。自分の意見をいきなり発表することは難しいので、まずは自分の意見を書けるようにしていく必要がある。発表をしない子たちは、しないのではなく、できない可能性が高い。自分の考えをもっても忘れてしまう子もいるし、考えているうちに整理ができなくて何も言えない子たちもいる。書く力を鍛えておくと、発表の際に書いた意見を読むことができる。

ではどのように鍛えるのか。たとえば感想を書かせるなどして、書く作業を増やしていく。

(1) 一工夫①：短く何度も繰り返す

「感想を一～二行でいいから書いてごらん」「三分で書いてごらん」などの指示が有効である。長く書かないといけないと思うと、最初はそれだけで負担になる。それでも書けない子は、隣や近くの子と交流させてから書かせる。隣や班の人に言わせるなど少人数で交流させることで、聴く力、伝える力も鍛えることができる。また、同じ意見の人たち、反対意見の人たちとも交流する時間を取ることで、他の人の意見も知ることができ、さらに新たな意見を書くこともできる。

(2) 一工夫②：再度説明させて書かせる

一工夫①の他にも、教師が大事だと思って説明したこと、ポイントとなる意見を言った子を再度指名して言わせたあとに、「大事だから隣の人にもう一度言ってごらん」と再度、隣や指名して全体に説明させる。討論中であれば、教師が「今、話していることのキーワードや方向性」などを端的にまとめて話した上で、「今、何について話をしているか隣に言ってあげて」と再度説明させてから、ノートにメモを取ったり、意見を再度まとめたりするように伝える。

（３）一工夫③：隣に言ったあと、質問をさせる

低位の子たちが何も言えないときや意見の量を増やすことができないときに効果を発揮するのが、「なぜ？」「どうやって？」「どの文章で分かったの？」「他には？」などの質問である。こういう質問をされることで、低位の子たちは注目すべき文章や新たな考えを持つようになる。そしてやがて、そのような質問を自分自身でもできるようになり、書く量も内容も変わってくる。

三　記憶の補助もなしに討論を行う

河野氏は、記憶の補助として次のように述べている。

> ①言葉は消える、絵や図や文字は残る（知的障害に対して）
> ②課題を小さく区切って、１つ１つの量を小さくする（ＡＤＨＤに対して）
> ③字の上にラインマーカーで色を塗る（ＬＤに対して）
>
> （同書、一二一、一二三、一二六頁）

（１）一工夫①：黒板にキーワードを記しておく

黒板に子どもたちの意見のキーワードを教師が記すことで、記憶の補助となる。また、そのキーワードについて近くの人と交流させて、思い出させたり、考えを広げたりできるようにする。

（２）一工夫②：まず友達の根拠となる文章に線を引かせる

ワーキングメモリが少ない低位の子たちは、交流したあとに何を話したかを忘れても、線を引いているのでその文章を使って考えを書けるようになっていく。

7 係活動で、発達障害の子を活躍させる方法

絶対NG指導 何も指導せず、子どもたちに活動を任せる。

一 楽しいはずの係活動が、トラブルの原因となる

係活動は、クラスをより楽しくする活動であるのと同時に、勉強で活躍するのが難しい子どもたちが大いに活躍することができる活動である。

しかし自由度が高いからこそ、教師が何も工夫をせずに子どもたちに任せてしまうとトラブルが起きてしまい、せっかくの活躍の場で発達障害のある子を活躍させられなくなってしまう。

たとえば、係活動がスタートしてすぐに、何をどこまでやっていいのか分からずにひっきりなしに質問をしたり、終了時間になっても活動をやめることができなかったりする。

発達障害の子がこのような状態に陥るのは、実行機能に課題があることが理由として考えられる。

> 実行機能は、一言で言うと「目標に向かって行動するために必要な考えや行動、感情をコントロールする機能」です。
> （高山恵子『やる気スイッチをON！ 実行機能をアップする37のワーク』合同出版、一一四頁）

実行機能には「抑制」「切り替え（シフティング）」「作業記憶（ワーキングメモリ）」といった機能がある。発達障害の子はこうした機能をうまく働かせることが難しい。

この実行機能がうまく機能するように教師側が支援し、発達障害の子も活躍できる係活動を目指していく。

二　見通しをもつことができる指導

では、実行機能をうまく働かせるためにはどのような指導をすればいいか。

実行機能をONにするために大切なのが、不安を解消することです。
（同書、一二二頁）

発達障害のある子は変化が苦手で、普段と違うことが起こると不安になりやすい傾向にある。なるべく固定化できるものは固定化した方が活動に安心して参加することができる。

たとえば「毎週水曜日の学活の時間」「月、金の昼休み」のように、活動を行う時間を固定する。各係ごとにポスターを作成させ、掲示しておくことで、固定した時間を視覚化しておく。授業中に行うときは、残り時間が分かりやすいように視覚化されたタイマーを黒板に掲示する。

また、今日の活動内容を黒板に文字やイラストなどで示しておくと、安心感をもって活動に参加することができる。

このように環境を整備して、見通しがもてるように指導することはとても大切である。

三　活躍の場所を意図的に設定する

何を、どれだけ、どのようにするか分からないと実行機能がうまく機能しない。

そのため、発達障害のある子どもが活躍するためには、係活動を始めるときの説明が大切になってくる。

１　クラスが楽しくなる、みんなのためになる会社をつくる。

2　メンバーは、2人以上。
3　会社はいつでもつくれるし、やめることもできる。
4　会社のかけもちOK。
5　会社に入りたい人は、必ず入れる。
6　倒産することがある。
7　ネーミングを工夫する。

（南達夫「クラスが盛り上がる係活動（係活動）」https://land.toss-online.com/lesson/aaj2nxh7l76hcnzu）

このように説明をすると見通しが立ち、どのように活動をするかよく分かる。

この内容を口頭だけで説明するよりも、黒板に内容を書いておき、活動する際にいつも確認できるように教室に掲示しておくとトラブルが起きなくて済む。

また、担任を持たれたことがある先生なら、前年度の活動の様子の映像を見せるとよい。子どもにとってはより見通しをもつことができ、安心して活動できる。

その他に、物の準備も大切である。

発達障害のある子は、何かこだわりをもって取り組んでいることがあることが多い。その特技を披露する場に、係活動を通したお楽しみ会が適している。

係を設立する際にも個別に子どもに声をかけ、「この前、けん玉が得意って聞いたから、みんなに披露してみてよ。Aさんなら絶対にみんなを驚かせられる発表ができると思うな」などと期待を込めた声かけをしていく。

すると、自分から動くことに抵抗感のある子が立候補しやすくなる。

披露するという明確な目標があれば活動にも見通しが立ち、熱中して取り組むことができる。

四　活動を「個別評価」する

活動をさせっぱなしにするのは良くない。子どもたちが、どんな活動の仕方が良いのか、悪いのかが分からないからだ。

活動の途中や終わりで子どもたちがしてきた活動のどんなところが良いのか、個別に取り上げて全体の場面で褒めていく。

「お楽しみ会に向けて、全員で役割分担して活動していました。こういったみんなが活躍できるように話し合いしているのは、とってもいいですね」
「休み時間を使って、お楽しみ会の準備をしていた係がありました。クラスのみんなを楽しませようと全力で準備をしていいですね」

このような話をすることで、こういった活動がいいんだという共通の認識ができるようになる。

活動の随所でそのような評価をしていき、誰もが活躍できるような係活動にしていく。

8 ボール運動などの「集団スポーツ」は、やることを明確にする

絶対NG指導 全員が揃うまで授業開始を待つ。同じ活動を四五分間ずっと続ける。

一 ドーパミンを分泌させる指導

運動場で、サッカーの授業をしている。見ていると、チャイムが鳴っているのに、子どもたちが体育座りをしてジッと待っている。しばらくすると数名の子が地面に絵をかいて遊んだり、隣の子とおしゃべりをしたりしはじめる。教師は「まだ全員来ていません。ジッと待っていなさい」と注意する。

授業が始まると、いきなりサッカーの試合を始める。クラスを二つのチームに分け、延々と試合を続けている。しばらくすると、発達障害の子を含む一部の子たちはつまらなそうにジッと立っているだけで、動こうとしない。この状況を見て、教師は「動きなさい！」と大きな声を出す。

授業中に待たせたり、変化をつけずに同じことを続けていたりすると、発達障害の子、特にＡＤＨＤの子は集中できなくなる。脳の伝達物質「ドーパミン」が不足するからである。

都留文科大学教授の市原学氏は、次のように述べる。

> ＡＤＨＤの症状は神経心理学的機能障害、すなわち高次機能障害、特に行動の脱抑制によって引き起こされるとの仮説が立てられてきました。背外側前頭前野（ＤＬＰＦＣ）のドーパミン作動性調節不全は、これらの機能不全に関与していると考えられています。
>
> （「注意欠陥多動性障害（ＡＤＨＤ）および破壊的行動障害における衝動性」『都留文科大学研究紀要』二〇一五年、八二

号、一～九頁）

不足したドーパミンは授業中の対応で分泌させることができる。
脳科学者の平山諭氏は「ドーパミン５」として、次の五つの方法を提唱している。

①運動を取り入れる　②変化をつける　③高得点を与える　④見通しを示す　⑤目的を伝える
（『満足脳を作るスキルブック――対話スキルですべての子どもが元気になる！』ほおずき書籍、三一～三四頁）

子どもを授業に熱中させるためには、ドーパミンを分泌させる対応が必要である。

二　子どもたちを熱中させる授業の二原則

子どもが熱中する体育の授業の原則は、次の二つである。

- （１）待たずに、いきなり活動させる
- （２）短いパーツを組み合わせて授業を組み立てる

（１）待たずに、いきなり活動させる

チャイムが鳴った瞬間、いきなり授業を始める。遅れている子を待たない。待たずに始めるから、ＡＤＨＤの子も満足する。たとえばサッカーならばドリブル練習を兼ねて次のように授業を始める。

・運動場に来た子から、ボールを渡してドリブルをさせる
・数人の子から、教師がボールを奪う（サッカーの得意な子から奪うとよい）
・ボールのない子に、「ボールを他の子から奪いなさい」と指示する
・ボールのない子にボールを与える

こうすることでボールの争奪戦が始まり、子どもたちは熱中する。ボールを取り返せないような子には教師からボールを与えるようにする。授業開始から、子どもを熱狂の渦に巻き込んでいく。

（2）短いパーツを組み合わせて授業を組み立てる

発達障害の子を熱中させるためには、四五分間を短いパーツで組み立てていくことが大切だ。

サッカーならば、次のように組み立てていく。

①ドリブル練習
②ボールタッチ
③向山式シュートゲーム
④ハードルをゴールにしたミニゲーム
⑤ミニゲーム

主運動につながる運動を、短い時間で次々と行っていく。

この運動を、サッカーをやっている間は毎時間行う。最初の時間にやり方を教えて、あとはシステムで子どもが動くようにしておけば、座って説明を聞く時間はなくなる。

たとえば「③向山式シュートゲーム」は図Aのような場を設定して、次のようなルールで行う。

○ラインからボールを蹴り、コーンとコーンの間に入れば、クリア
○クリアしたら、次のコースに進める
○二回連続で外したら、同じコースで再挑戦する
○蹴ったボールは必ず自分で取りに行く
○最後まで行った子には、反対の足で挑戦させる

ゲーム開始時、列にならないように、最初のコースだけは二つ設定しておくとスムーズにスタートできる。

最初の時間にやり方を教えていれば、次の時間からは「シュートゲーム」と言った時点で、子どもたちはすぐに活動に入ることができる。これが、システムの良さである。

システムで子どもたちが自主的に動く体育の授業なら、子どもたちは熱中する。

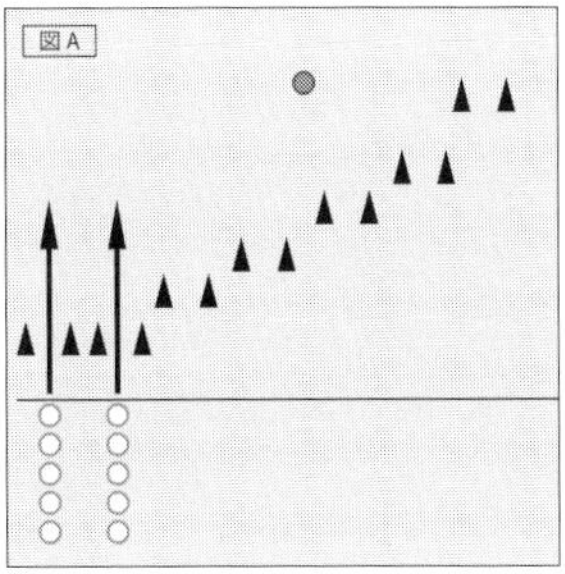
図A

	準備運動	ゲーム	片付け
1時	ボールを使った準備運動	向山式シュートゲーム	
2時	① 向山式ドリブル ② シュート＆バック	ハードルを使ったミニゲーム① 2人組みでの対戦	
3時	③ ボールタッチ ④ ボールタッチ（横）	ハードルを使ったミニゲーム② チームで、全員ゴールリレー	
4時	⑤ ボールタッチ（回転） ⑥ ボールタッチ（前進） ⑦ ボールタッチ（後退）	ゲーム ① 最低限のルールを与え、ゲームをする。（得点方法とファールのみ確認） ② 課題を確認。ルールを作っていく。　※チーム編成は教師がしておく。	
5時	⑧ 2人組みでのパス ⑨ コピードリブル	① 課題を出し、ルールを作っていく。 ② ルールを完成させる。	
6時	⑩ ボールの取り合い	リーグ戦を行なう。	
7時			
ねらい	A 基礎感覚基礎技能の育成 B 自分の課題の認識	A シュートをきめることができる。 B ルールを考える。みんなが楽しめるルールを考える。 C みんなが楽しむために、安全に、協力して、ゲームを行なうことができる。	

9 学校行事は、本当に「参加することに意義がある」のか？

絶対NG指導 学校行事のすべてに参加することを強要する。

一 なぜ学校行事のすべてに参加することを強要してはいけないのか？

「運動会」「学習発表会」「遠足・社会見学」「卒業式」など、学校には大きな行事がある。所属している子どもたちは通常の授業同様に参加することになっている。

しかし、子どもによっては学校行事が苦痛でしかない場合がある。苦痛の原因は様々であるが環境の大きな変化が原因に挙げられる。

環境要因の一つに音がある。運動会でのスターターの音、見学者のざわめき、マイクの音声、学習発表会での音楽などである。聴覚防衛反応と呼ばれるものである。

> 何でもない音や声に対して、生理的な拒否や不快反応が出てしまう症状。
>
> （木村順『保育者が知っておきたい 発達が気になる子の感覚統合』学研プラス、二九頁）

また、学校行事によっては練習日程が組まれ、時間割自体も変更を余儀なくされる場合もある。時間、場所、まわりにいる人も変化する。子どもによってはいつものルーティンが崩れてしまうことも不安要素になる。決まった形で行事を進めていったとしても、その子に応じた配慮は必要である。特別支援を要する子どもたちに学校行事のすべてに参加することを強要する指導は避けるべきである。

二　行事参加の基本方針

特別支援を要する子どもたちから教えられたことがある。それは、

行事は特別なものではなくその子にとっての日常のなかの一つでしかない

ということだ。

教師は行事を特別なものとして考えていることが多い。確かに、行事を通して子どもたちの力や結束を高めることはできる。しかし、支援を要する子どものなかには、思考パターンや行動ルールが存在する。行事が特別に楽しみであるとは限らない。見通しがもちにくく、苦手意識をもっている子もいる。まさしく日常の一日が行事であることに過ぎないのである。

成長過程を考えて、もっと長い目で行事参加を見直すべきだと子どもたちから教えられた。行事の参加の仕方はゼロか一〇〇という考え方から脱却すべきである。行事参加の基本方針は次の三点である。

- （１）行事参加の仕方の選択肢を用意する
- （２）見通しを伝え、子どもと相談しながら参加方法を選択する
- （３）予定通りにできないときには、どうするかも相談しておく

（１）行事参加の仕方の選択肢を用意する

行事に参加させるときは、子どもに選択する余地を与えることが大切である。たとえば、運動会を例に

すると、次のような場面で選択肢を用意することができる。

参加したいプログラム／開閉会式の参加できそうな場面／登校時間／どこで運動会を見るか（児童席、本部、別室待機）／お弁当を食べる場所／誰と食べるか／参加できそうな練習日程

その他にも、配慮すべき事項として、背の順など並ぶ位置、一緒に団体競技をするメンバーなども考える。その子にとって不安を感じるであろう要素を予想するのである。

お昼をまたいでの運動会に参加するなら、お弁当が必要になる。考えられる選択肢は次のようなものである。①教室で食べる。②教室で支援の先生が横について食べる。③プレイルームで支援の先生と一緒に食べる。④プレイルームで支援の先生、家の人と一緒に食べる。⑤家に食べに帰り、午後からまた来る。

選択肢を与えることで、絶対に参加しなければいけないという不安は消え、少しでも参加してみようかな、と思わせることができる。

(2) 見通しを伝え、子どもと相談しながら参加方法を選択する

次に大切なのは、

事前に「予告」をし、子どもの「承認」を得ておくこと

である。同じく運動会を例に挙げる。

プログラムを見せたり、団体演技の動画を見せたりしながら、子どもがイメージできるように話をしておく。練習する日程も最低限度にする。登校する時間帯と練習する時間を調節する。

ポイントは、

行事がある一日の流れのイメージをもたせ、それを共有しておくこと

である。子どもによっては、気になるポイントも違う。その子がきっと困ると感じるであろう要素を、明らかにしておくのである。共有するときには、タイムテーブルを紙に書いて示すとよい。前日にもその内容を一緒に確認して、何かあれば力になることを伝えておく。

(3) 予定通りにできないときには、どうするかも相談しておく

一緒に考えたプランも、その日になって実行することがやはり難しいということもあり得る。それは「当然あること」だと、教師も覚悟をもっておくことが大事だ。そのために、もし「しんどくなったらどうするか」ということも事前にシミュレーションしておく必要がある。

運動会の場合、もし朝に来ることが難しいときは、参加するプログラムの時間に合わせて登校してもいいこと、そのときにはどのプログラムを優先するか、朝に連絡をくれたら大丈夫であることも話しておく。大切なのは、提示した選択肢のなかでどれを選んでも、たとえ変更したとしても、支援を要する子どもの選択を認めることである。行事は特別なものである以前に、その子の成長過程の一日でしかないことを考え、長い目で子どもの成長を見守っていく。

10 集会で「黙ってジッとしていなさい」という指導はナンセンス

絶対NG指導

「黙ってジッとしていなさい」という配慮の欠けた指示。「しっかり聞きなさい」「ちゃんと姿勢を正しなさい」という曖昧な指示。

一 子どもが動くのには、理由がある！

集会は、発達障害の子にとってハードルが高い。多くの児童が集まる環境、子どもたちのたくさんの話し声、教室とは違う景色、マイクの音など、気が散ってしまう要素が多い。そのため、学級の列に入れない。先生の話を遮って大声で話したり、急に立ち歩いたりするという行動が見られることもある。普段、過ごしている教室との違いに発達障害の子はついていけないのだ。

そんなななかで、「黙ってジッとしていなさい」という指導は一見、座っておくだけだから誰でもできるだろうと教師は考えがちだが、特にＡＤＨＤ、多動や注意散漫の子にとっては苦痛の時間になる。

ＡＤＨＤの子には次のような脳の特性がある。

> ＡＤＨＤの症状の背後にはドーパミン系およびノルアドレナリン系神経機能の失調があることが明らかになっている。
>
> （杉山登志郎『発達障害の子どもたち』講談社現代新書、一三一頁）

ドーパミンやノルアドレナリンが不足すると、ＡＤＨＤの子は次のような行動を起こす。

ＡＤＨＤは、抑制、集中力、ワーキングメモリなどを司る前頭葉（ブロードマン46野）の働きに問題があるといわれている。脳内物質であるドーパミン（記憶に関係）の不足やノルアドレナリン（やる気に関係）の調整不足が要因である。（中略）立ったり、座ったりするといった動くことで、脳内にドーパミンが出る。つまり落ち着きのなさは、動くことで脳を安定させる。いわば、ＡＤＨＤの児童にとって必然性のある行動といえる。

（『特別支援・場面別対応事例集 第2巻 ＡＤＨＤ①』教育技術研究所、四頁）

「黙ってジッとしていなさい」という指示が、発達障害の子に対していかにナンセンスであるかが分かるだろう。教師は発達障害の子の脳の特性を知った上で指導をしていく必要がある。

二　集会で落ち着いて過ごす指導

集会で落ち着いて過ごすための指導は、次の三つである。

- （１）見通しをもたせる
- （２）具体的な指示を与える
- （３）自分の姿を客観視させ、褒める

（１）見通しをもたせる

発達障害の子は新しい環境、いつもと違った環境が苦手という特性がある。不安傾向が強い子にとっては、なおさらだ。ジッとしていられないのは、見通しが立たないことからくる不安の表れの可能性がある。

そのために見通しをもたせる。たとえば、次のような方法である。

① 集会で誰が話をするのかを伝える
② 我慢できなくなったらどうするかを伝える

「今日は校長先生と○○先生からお話があるよ。そのあと、委員会からの連絡があったら集会は終わりだからね」と声かけするだけでもゴールが見え、子どもは落ち着きやすくなる。

集会の場所が体育館や運動場と、ころころ変わる学校もあるかもしれない。その際にも、事前に「今日は運動場だからね」「雨で地面が濡れていたら体育館だよ」と伝えておく。

もう一つ大切なことは、どうしてもジッとしていられない、我慢できないときはどうするかを決めておくことである。

「どうしても動きたくてしょうがないときは、後ろに先生がいるから静かにおいで」「ポケットに入っているスクイーズを触ってごらん」ということを、子どもと一緒に決めておく。

そうすることで、ジッとできないときにどうすればいいのか見通しが立って安心できる。

(2) 具体的な指示を与える

「しっかり聞きなさい」や「ちゃんと座りなさい」ではどのようにしたらいいのかが分からない。集会時においても具体的な指示を与える。たとえば、次のような指示である。

①「話している人の鼻を見るようにしましょう」
②「体育座りで手をロック（前で手を結ぶ）して聞くよ」
③「校長先生が何を話していたか覚えておいてね。あとで聞くよ」
④「『前へならえ』の号令をやってくれるかな」
⑤「あなたの前の人で一番姿勢が良かった人を教えて。あとで聞くよ」

このように具体的であればあるほどよい。役割を与えるのも頑張る要因になる。あとで褒められるような指示を出しておくことで、できていたら褒めることができる。

（3）自分の姿を客観視させ、褒める

集会に少しでも入ることができたなら、そこがチャンス。「今回は三分集中できていたね。次は四分いけるんじゃないか」など変容を褒め、集中できる時間を増やしていく。

褒める際に効果的な指導は、自分の姿を客観視させることである。

少しでも姿勢良く集中しているときに、写真を撮る。少しの時間かもしれないが、少しぐらいはできていることが多い。写真を集会前に見せ、次のように声をかける。

「これ、前の集会のときの〇〇君、めっちゃ良い姿勢だったから、先生、思わず写真をとってしまったよ。話している人の方も向いていて、素敵でした。今日もこれぐらい頑張れそう？」と聞くと、「できる」と答える。

視覚的に自分ができている姿を見ることで、より自分の頑張りをイメージできる。

第3章

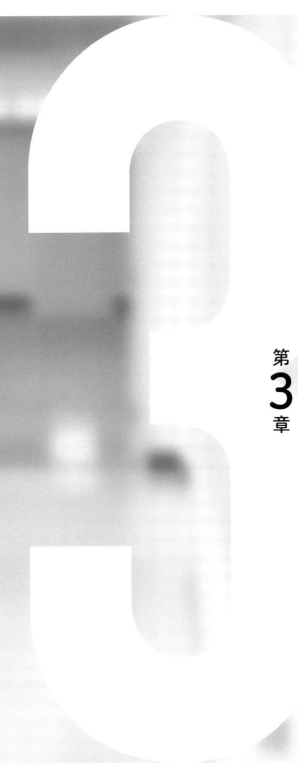

集団のなかでのトラブル編

1

「静かにしなさい」で子どもが静かにならないのは、教師の指示に問題がある

絶対NG指導 うるさいときに「静かにしなさい」と厳しく注意する。

一 「静かにしなさい」では、何をすればよいか分からない子がいる

授業中、教師が話をしているときにしゃべり出す子がいる。

多くの教師は「静かにしなさい」と注意する。何人かはそれで口を閉じる。しかし、いっこうにおしゃべりをやめない子がいる。「○○さん、静かにしなさい！」と次は厳しく言う。その子は、一瞬はやめるが、またしゃべり出す。

なぜ、教師が注意しているにもかかわらずしゃべり続けてしまうのだろうか。彼らは、自閉症スペクトラム（ASD）の傾向があると見て、対応を考えるとよい。

ASDには次の三つの傾向がある。

① 社会性・対人関係の障害
② コミュニケーション障害
③ 想像力の障害

ASDの子はこれらのことから、字義通りに言葉を受け取ってしまったり、経験したことがないと見通しがもてなかったりする。つまり、「静かにしなさい」で静かにできないのは「静かに」する具体的なイメージがもてないからである。「集中してやりなさい」「一生懸命やりましょう」なども同様である。

また、このような注意や叱責が繰り返されると、次のようなことが起こる。

> 脳の部位で考えてみると、何かを学習するというのは前頭葉の担当である。つまり、この前頭葉がうまく働く環境を教師が作ってあげる必要がある。
> 怒鳴る、怒ることで影響するのは、偏桃体という脳の部位である。
> ここは「好き嫌いの脳」とも言い、うれしい・不安などの情緒的な感情を司っている脳である。
> （中略）
> 偏桃体が「嫌だ」「怖い」「不安だ」という状態では、前頭葉は働かないのである。
>
> （小野隆行『喧嘩・荒れ　とっておきの学級トラブル対処法』学芸みらい社、八五～八六頁）

注意や叱責が繰り返されると、偏桃体が教師のことを「嫌だ」と認識する。「嫌だ」と認識されると、前頭葉は働かなくなり、学習ができない脳の状態を作ってしまう。

また、叱責が続くことで不登校や反抗挑戦性障害（親や教師などに対して、拒絶的、敵対的、挑戦的な行動をとる疾患）のような二次障害を引き起こすこともある。

ＡＳＤの子には、抽象的な言葉では伝わらないと考えて、対応を考えていく必要がある。

二　静かにさせるための対応

ＡＳＤの子に指示をする際には、次のことに気をつける。

○要点を絞って具体的に伝えること
○言葉だけでなく、実物や写真、絵カードの活用による視覚的な情報を活用すること
○内容によっては、実演するなど具体的に動作を見せることも有効
（国立特別支援教育総合研究所ホームページ
https://www.nise.go.jp/nc/report_material/disaster/consideration/consideration10）

（1）具体的で、明確な指示を出す

ざわざわした教室で話しはじめても、聞いていない子もいる。まずは教師に注目させたい。有効なのは次の指示である。

「おへそを、○○先生に向けなさい」

このとき、教師自身の名前を入れて具体的な行動を指示する。学校には他にも先生はたくさんいる。ASDの子の場合、ここまで具体的に指示しないと分からないことがある。

これでも静かにならない子がいる。いきなり注意をするのではなく、「○○さん、しゃべっていますよ」とまずはそっと、気づかせてあげるとよい。

（2）視覚的に見せる

聴覚処理が苦手な子の場合は、視覚処理を使って指示することが有効である。

「パッと行動支援絵カード」（教育技術研究所https://www.tiotoss.jp/）が効果的である。学校生活に関わる様々なルールやマナーが手のひらサイズの絵カードになっている。

「しゃべるのはいけない」という絵カードもある。何も言わずにその子の近くに行き、見せるだけでよい。

（３）静かな状態を経験させ、認知させる

子どもが自立していくためには、「静かにしなさい」と言われたときに静かにできるという力も身につけさせておく必要がある。

そのためには、「静かにする、とはどういうことなのか」を教えておく必要がある。

『うつしまる』（光村教育図書）や『ＴＯＳＳ直写ノート』（教育技術研究所）を使うと、必然的にシーンとした状態を作ることができる。

この「シーンとした状態」になったときに、次のように言う。

「全員いったん手を止めます。これが『静か』という状態なんですよ」

発達障害の子のなかには、「へーっ、そうなんだ」と声を上げる子もいる。これではじめて「静かにする」ということを経験したことになる。このようにして「静か」という状態を認知させ、できたときに褒めて強化していくことで、できるようになっていく。

2

「被害妄想が強い」と安易に判断すると、傷つくのは子どもである

絶対NG指導 子どもが不安になっているのを被害妄想が強いと判断する。

一 「被害妄想」は、不安の表れと考える

学校で様々な活動をする際に、子どもがその活動の見通しをもてなかったり、失敗したりして不安になったり、パニックになったりすることがある。

そのような場面で、子どもが教師に「Aくんに睨まれた！」「Bさんに無視された！」と訴えてくることがある。この訴えに対し、「あの子は被害妄想が強すぎる」と職員室で主張する教師がいる。

森本幸子氏・丹野義彦氏の論文「大学生における被害妄想的観念に関する研究――素因ストレスモデルを用いて」（『心理学研究』七五巻二号、一一八～一二四頁）によると、「社会的不安を感じれば感じるほど、被害妄想的観念を感じる」ことが分かっている。つまり、子どもが被害妄想が強くなっているときは、次のように考えなければならない。

> 教室のなかでの不安・ストレスが強くなっている。

このような場面で、子どもが不安に思っていることを無理にさせることや、不安に感じていることを「気持ちの問題」「勝手に怖がっているだけ」と決めつけて指導すると、最悪の場合、子どもが二次障害を引き起こしてしまう可能性もある。これは、教師の責任である。

二　様々な可能性を疑おう

一見、「被害妄想が強い」と見える子どもは、パニック障害、ＰＴＳＤ、不安障害の可能性がある。このような子どもたちには、それぞれの特性に合った対応が必要である。

まず、パニック障害とは次のような障害である。

> 他者からいきなりびっくりさせられた、怖い目にあったなどといったきっかけがないにもかかわらず、急に動悸や、息苦しさ、めまい、吐き気などの発作があらわれ、「死んでしまうかもしれない」といった不安を強く感じる。不安そのものはだれでも感じるものだが、明確な理由がなく、著しい不安を感じ、それが長く続いて、心身に発作として症状が現れ、日常生活に支障をきたしている状態。青年期に発症しやすい傾向がある。
>
> （小野隆行（編）『特別支援教育　重要用語の基礎知識』学芸みらい社、九四頁）

次に、ＰＴＳＤとは次のような障害である。

> 事件や事故、災害などによって強いストレスを受け、１ヶ月以上しても生活に支障が出ている状態。災害や事故にあって、心に傷を負うことは、誰にでもあるが、その傷が深く、また続く場合にＰＴＳＤと診断される。
>
> （同書、一〇一頁）

不安障害とは、次のような障害である。

不安が異常に高まり、生活に支障をきたしてしまう状態。不安の高まりから、パニック障害（発作）となることがある。不安を感じた場面や状況などが引き金となり、再び発作になるのではという予期不安から、様々な症状を引き起こす。
（同書、九九頁）

学校で様々な活動をする際に、子どもがその活動の見通しをもてなかったり、失敗してしまったりして、不安になったり、パニックになったりするときは、子どもがこのような障害をもっているかもしれないと思って対応していくことが大切である。

三　不安になっている子どもへの対応

不安傾向が強く、被害妄想に陥りやすい子どもには、次のような対応が必要である。

- （1）安心させる
- （2）自己肯定感を高める
- （3）医療機関につなぐ

（1）安心させる

不安感の強い子には、活動の前にその活動のスタートからゴールまでの内容がイメージできるように予告したり、説明したりしておく。こうすることで、不安感を軽減する。また、不安感を感じていたり、パニックになったりすることについては無理にさせず、やらない・参加しないという選択もあるということを伝え、安心させることも有効だ。その他にも、パニックになったら静かな部屋に行ってクールダウンするなど、パニックになってしまったときの対処法を事前に教えておくことも大切である。

(2) 自己肯定感を高める

自己肯定感が低い子どもには、成功体験を積み重ねて自信がもてるようにすることが重要だ。たとえば、次のような方法がある。

① 活動の難易度を下げ、できる活動を増やす
② 複数の教師で褒める

国語で暗唱を行うとする。すべてを暗唱することが難しい場合は、「何行なら覚えられるかな」と、子ども自身に決めさせる。一行コース、三行コース、半分コースなど、例を示すと分かりやすい。何回も練習するうちに、だんだんできるようになっていく。できるようになった段階で、管理職や学年の先生にお願いし、複数で何度も褒めるようにすることで、子どもの自己肯定感がさらに高まっていく。

(3) 医療機関につなぐ

パニック障害、ＰＴＳＤ、不安障害の可能性がある場合、学校の指導だけでは対応が困難な事例も多い。そのような場合は、保護者と密に連携を取った上で、パニックを起こしたときの場所や状況を詳細に記録し、その子どもを医療機関につなぐことも大切である。

3 ケンカが起こったとき、一方だけを叱ると余計にこじれる

絶対NG指導 ▶ 事情を聴かずに一方の子だけを叱る。

一　絶対にやってはいけない指導

以前、担任した学級で、頻繁に手が出るA男がいた。

あるとき、その子が他の子とケンカをした。休み時間に校庭でトラブルになり、相手の子を叩いたそうだ。そういったことが日常茶飯事だったため、特に事情を聞かず、手を出した子を叱った。しばらくしてから、A男がまた同じ子に手を出すということがあった。廊下ですれ違っただけで叩かれたということを相手の子から聞いた。A男から話を聞くと、この前の休み時間のトラブルのことについて、「あいつは『サッカーボールをかせ』と言って、一方的にボールを取っていった。あいつが悪いんだ！」と怒りが収まらなかった。最初のケンカがしこりとなり、それを引きずる結果になってしまったのだ。

原因は次のことにある。

> ①両方から事情を聞かなかった
> ②手を出したA男だけを叱った

二　なぜ一方だけを叱ってはいけないのか？

発達障害の子は自身の特性について、次のように述べている。

怒ってぐちゃぐちゃ言う人には、同じように怒ってぐちゃぐちゃいいかえしてしまいます。
（『発達障がい児本人の訴えⅡ』、五四頁）

ケンカになるのは当然である。他の子よりもケンカになりやすく、教師が支援しなければならないという認識が必要だ。

要は、「自ら止められた方が偉い、賢い」といった成熟の価値観を、繰り返しアドバイスすることである。報酬系が作動し始めたら、何が報酬かがわかる。自ら、「もうやめよう」「僕も悪いところがあった」などと謙虚になれる成熟である。自ら止められたら、「成長したね」などとほめてほしい。
（同書、五四頁）

「やってしまったケンカ処理をどうするか」よりも、「ケンカを解決するスキルを身につけさせる」ことに意識を向けるべきである。そして、そのスキルを「よく止めたね」「謝ってえらいね」と、褒めながら定着させていく。向山洋一氏が提唱する「喧嘩両成敗」は両方の子に自分の非を認めさせ、謝らせる。自分の非を認めたことを褒めて強化する。そうしていくうちにいつの間にか、教師の支援なしに子ども同士で解決ができるようになる。

三　成功する喧嘩両成敗、四つのステップ

ケンカには次の四つのステップで対応する。

（1）ステップ1：ケンカのいきさつを聞く

AとBがケンカをしたとする。Aはこだわりが強い子、Bは自分の非を認めやすい子だとする。

ここで重要なことが三つある。

①話を聞く順番
②声の大きさの調整
③黙って聞いていることを褒める

一つ目、話はAから聞かねばならない。もしもBから先に聞いてしまうと、Aが口を挟んでしまう。口を挟ませないのが大原則である。

二つ目は声の大きさだ。ケンカ直後なら感情が高ぶっている。自分の声で怒りがエスカレートしてしまう場合があるからだ。それにAが大きな声を出せば、Bも口を挟むかもしれない。「先生ぐらいの声で話してごらん」と、教師がモデルになってやるとよい。

三つ目に重要なことは、黙って聞いているBを褒めることだ。「よく黙って聞いているぞ。えらいぞ」と言って褒める。こうして、Bの姿をAにモデルとして見せておく。Aの話を聞き終わってからは、Bの話を聞く。このとき、絶対にAに口を挟ませてはいけない。

（2）ステップ2：自分のしたことに点数をつけさせる

次に自分がしたことに一〇点満点で点数をつけさせていく。すべて自分が正しいなら一〇点、すべて自分が悪ければ〇点だ。「どちらから聞くか」が問題だ。これはBから聞かねばならない。Aから聞くと、「自分は悪くない、一〇点だ」となってしまう。Bから聞き、「五点」と言ったなら、すかさず「五点分も反省したの？　えらいなあ」と褒める。Aにとって「非を認める」モデルを作るのだ。

(3)ステップ3：謝らせる

まずは、謝るときの基準を教える。

> 相手がいいと言うまで一〇回でも二〇回でも謝る。

これを伝えずに謝り、一回目で相手が許してくれなかった場合、怒りが再燃する可能性がある。

A「ばかって言ってごめんなさい」

B「いいよ」

ここで、Bを褒める。「本当にいいの？　許してあげるの？　やさしいなあ」

これがAのモデルになる。次に、BがAに謝る。そこでAが許したことを褒めてやればいい。

(4)ステップ4：文句を言わないよう約束させる

最後に念を押す。「お互いに許したことを、あとになって『あのとき、こう言った』などと言ったら許さないよ。それはルール違反だよ」

これをやっておかないと、あとからケンカを蒸し返すことになる。

4 「ルールを正確に守る」ことを強要するのは、実は危険

絶対NG指導
ルールが守れないことを叱る。
ルールは必ず守るよう教える。

一 厳密にルールを守ることによる弊害

小学三年生のA男は教師の指示に反抗する。目がつり上がり、暴れることもある。図工の時間に使った絵の具のパレットを、学校で洗ってはいけないきまりになっている。しかし、休み時間にA男が流しで洗っていた。そのままにしておくと、他の子が不満をもってしまう。しかたなく、「学校の流しで洗ってはいけないよ」と注意すると、A男は「うるさい！」と怒り、どこかに行ってしまった。

逆に同じクラスのB男はこちらが教えたルールをしっかり守る。しかし、友達がルールをやぶることについては非常に厳しい。B男はA男に対して、しばしば注意をする。この二人の取っ組み合いのケンカは絶えなかった。

「相手にルールや約束を厳格に守らせる」というのは広汎性発達障害の子の特徴である。

教室移動で整列する際、列になかなか並ばないクラスメイトに対して、発達障害の龍馬くんは次のように感じている。

> 僕にぐちぐち言うんなら、自分がまずしっかり並んで、やることをきちんとやってから言うようにしてほしい。
>
> （『発達障がい児本人の訴えⅡ』、六二頁）

それに対して、平山諭氏は次のように解説する。

発達障がいの子どもは、友だちを作るのが苦手である。でも友だちはほしい。友だちを支配したい。コントロールしたい。
そこで、「しっかり並んで」「やることをやってから」のように規則や秩序を持ち出して、友だちをコントロールし、いらいら感から逃れたいのだと解釈できる。
（同書、六二頁）

しかし、冒頭に述べたB君はA君をコントロールできないため、イライラが爆発してしまう。次のような研究もある。

例えば、「トランポリンの順番を代わってもらった場合は、必ず、ありがとうと言おう」という指導が繰り返される。高機能自閉症児の場合、その場面で「ありがとう」が言えるようになるものの、それが高じると「トランポリンを代わってあげたのに、〇〇さんはありがとうと言いません」と激昂したりすることがある。社会的適応行動の機械的習得が、むしろトラブルの原因となっている。
（三木裕和「特別支援教育と不登校問題――9～10歳の発達の節目」『The Japanese Journal of Rehabilitation Medicine』日本リハビリテーション医学会、二〇一九年、五六巻六号、四七八頁）

学校はルールを学ぶところだ。ルールを守ることを叱責せずに教えねばならない。
その一方で、別の側面からのアプローチも必要である。

二　ルールが守れない子への対応

次の三つの基本原理が貫かれることで、ルールを受け入れ、守ることができるようになる。

> ①　みんなが楽しい
> ②　ルールが明確である
> ③　公平なシステムがある
>
> （向山洋一『特別支援・場面別対応事例集　第5巻』教育技術研究所、五四頁）

最も取り組みやすいのがジャンケンである。教師とその子、一対一でジャンケンをする。教師は毎日グーを出し、その子に勝たせる。このとき「負けちゃった、悔しいな」などと負けたときのモデルを示す。教師が勝ち、負けても怒鳴らなかったことを褒める。

東京教育技術研究所で販売されている「五色百人一首」も効果的である。楽しい雰囲気のなかで「お手付きをしたら自分の札を一枚、場に出す」「相手と同時にとったときはジャンケン」等のルールを教える。楽しいからこそ、ルールを守ろうとする。ルールを守ったとき、負けを認めたときを見のがさず褒め、行動を強化していく。

そのような限定した範囲から、徐々に他の場面へルールを守る範囲を広げていく。

三　ルールを厳密に守ろうとする子への対応

ルールを厳密に守ろうとする子に声をかけるときの基本原則は次のことである。

受容すること。

「少しくらい許してあげて」と言ったところで、この子の気持ちはおさまらない。叱責すれば、その子と教師の関係が崩れてしまう。

「○○くんの言う通り、早く並ばないのはいけないね。注意はこれで終わろうね。○○君ありがとう」と声をかけるとよい。

その場はそれで事なきを得るかもしれない。

しかし、根本的な解決にはならない。

一方的にだれかを敵、あるいはお互いが敵だと感じれば、トラブルはいつ発生してもおかしくない。休み時間、給食の時間、場合によっては授業中だって、けんかやいじめは起こりうる。クラス仲間は、仲間であって敵ではない。ということはお互いに敵だと感じない脳づくりが第一に行われなければならない。

（平山諭『満足脳にしてあげればだれもが育つ！』ほおずき書籍、七八頁）

平山氏の述べる脳づくりには、子どもが「やさしさを表現するスキル」が必要だ。セロトニン5（「見つめる」「ほほえむ」「話しかける」「褒める」「触る」）を生かした教師の対応がその基盤になる。

教師が笑顔で話しかけることで子どもは安心感を得る。

その教師の姿が子どものモデルになるのだ。

5 発達障害の子が起こす問題行動……本当にその子に問題があるの？

絶対NG指導 発達障害の子がしている問題行動を、すべてその子の問題と考える。

一 発達障害の子の行動は、周りの子が誘発している可能性がある

休み時間が終わり、教師が教室に戻ってくる。

すると、発達障害のAくんがぞうきんを投げて遊んでいる。この場面を見た瞬間、「Aくん、何をやっているの！」と叱責をする。叱責されたAくんは、シュンとしている。

ところが、よくよく話を聞いてみると、周りにいたBくんやCくんもその遊びに加わっており、Aくんだけの問題ではなかった、ということがある。

発達障害の子が起こす問題行動のなかには、周りの子の行動に誘発されて引き起こされることがある。周りの子は教師が戻ってきた瞬間、行動をやめる。しかし、発達障害の子は「空気が読めない」ためにそのまま行動を続けてしまい、結果として教師に叱られることになる。

なぜ、発達障害の子は「空気が読めない」のか。

理化学研究所脳神経科学研究センターの中原裕之氏のチームは、次のことを発見した。

人間の大脳には「ミラーニューロン」と呼ばれるネットワークが発展しており、これによって他者の表情や行動から他者の心を憶測し共感することが出来る。（中略）向社会的な者と個人主義的な者の情報伝達経路の相違を識別した。この実験から向社会的な者では自己利益の場合と同じ脳活動の流れ

が他者利益の時にも強く働く傾向が見られた。
（『Economic News』二〇一九年五月二六日　http://economic.jp/?p=85273）

「ミラーニューロン」が働くことで、自分のことと同じように、相手のことも考えることができる。相手のことに思いを馳せられるので、場の空気を読むことができるのだ。

しかし、京都大学白眉センター特定准教授の佐藤弥氏によると、「自閉症スペクトラム障害の人は、下前頭回にあるミラーニューロン回路に不全がある」ことが分かっており、ＡＳＤの子は、空気が読めない傾向にある（https://www.kyoto-u.ac.jp/static/ja/news_data/h/h1/news6/2012/120815_1.htm）。

つまり、発達障害の子の問題行動を彼らの問題として処理してはいけない場合もあるのである。

二　問題行動を発見したときの対応の基本

休み時間に発達障害の子が問題行動を起こした場合、次のように対応する。

- （1）いきなり叱責せず、行動を止める
- （2）本人や周りの子から話を聞き、穏やかに指導する
- （3）「ミラーニューロン」を鍛えるトレーニングをする

（1）いきなり叱責せず、行動を止める

問題行動を見た瞬間、叱りたくなる衝動に駆られる。

しかし、休み時間にAくんがどのような行動をしていたのか、教師は見ていない。見ていないことを頭ごなしに叱ることは、NGである。

Aくんに、穏やかに声をかける。

「Aくん、ぞうきんを投げてるね。先生に貸してくれるかな」

「やめなさい」など、否定語はできるだけ使わない。叱られる経験を積んできた子のなかには、否定語を使われた瞬間にパニックになる子もいる。

Aくんに気づかせるように声をかけ、その行動をやめてもらえるようにお願いすれば、多くの場合は問題行動は止まる。

(2) 本人や周りの子から話を聞き、穏やかに指導する

行動が止まったら、本人や周りの子から話を聞く。

本人から話を聞くときは、「なぜしたのか」という理由は問わない。発達障害は脳の機能障害であり、理由もなく体が動いてしまうことが多く、理由を問われても分からないことが多いのである。

発達障害の子に質問する場合は、具体的なことを聞くのがよい。

① 何をしたのか
② 一人でやっていたのか、他の子もやっていたのか

③自分がやっていたことは良いことか、良くないことか

数値で答えさせたり、選択肢を用意したりすることで、質問に答えやすくする。周りの子からも話を聞き、事実関係を確認する。

もちろん、良くない行動をしていたのならば、何が良くなかったのかを伝え、謝らせる。

発達障害の子だからといって、見逃してはならない。指導すべきことは、きちんと指導する。発達障害の子も、納得していれば素直に受け入れる。

(3)「ミラーニューロン」を鍛えるトレーニングをする

このような状況にならないために、「ミラーニューロン」を日常から鍛えておく必要がある。

ミラーニューロンは相手の行動を追体験しようとする神経物質であり、「真似」をすることで鍛えられていく。

ミラーニューロンを鍛えるために、

座席を、行動の模範となる子どもの近くにして「○○さんの真似をするといいよ」と伝える

ようにする。真似をさせたい子を座席の前に配置すると、目の前に真似するべき対象がいるため、負荷が少なくてすむ。

良い行動を真似し続けることでミラーニューロンが鍛えられ、問題行動も減っていく。

6 時間割変更は子どもを混乱させる

絶対NG指導 予定や時間割を直前になって変更する。

一 思いつきの予定変更は、子どもを苦しめる

教師の都合や思いつきで予定や時間割を変更するのは、子どもたちを混乱させてしまう。特に運動会や音楽発表会等の行事の時期に、学校や学年の都合で直前になって予定変更するのはよくない。

ADHDの子どもは、物事の予定や予測的な行動を組み立てる能力が弱いことが認められている。実行機能と呼ばれる大脳前頭葉の働きの一部に弱いところがあるためとされている。

知的障害を伴った自閉症の子どもは、何度も体験したからといってその状況に徐々に慣れるということは期待できない。また、一般化ができないため変化に対して抵抗を示し、混乱してしまう。

発達障害をもつ龍馬くんは、次のように言っている。

> 4月の入学式は一番大変な時です。いろいろ変わってわけがわかりません。だから入学式には出ません。そうすると、「おまえなにさぼってんだ、そうじさぼるな」といわれます。入学式の日には必ずそうじがあるので、そうじをさぼって行かないと思われます。
>
> (『発達障がい児本人の訴え I』、一七頁)

二 時間割変更で混乱させない対応

対応の基本は、次の四つである。

(1)予告し、承認させる
(2)具体的なイメージをもたせる
(3)状況を視覚的に伝える
(4)新しい場面での行動の取り方を教える

(1)予告し、承認させる

直前に変更を伝えるのではなく、変更が分かった段階からできるだけ早く予定や活動場所の変更を伝えるようにする。その場で取るべき行動が分からず不安になる子もいるので、予定の変更だけでなく、開始の時刻や終了の時刻を伝えるとよい。

また、子どもに予告したら「大丈夫かな？」と聞く。本人が「分かった」「いいよ」と承認すれば、ここで合意形成ができるので、そのあとの活動がスムーズに進む。

(2)具体的なイメージをもたせる

特別支援が必要な子どもは、何をどれぐらい行うのか不確かなので何をしているのか分からなくなってしまうことが多い。

具体的に何をどんな順序で行うのか事前に伝え、板書するとよい。カード等に順序を書いておき、裏返したり、磁石を置いたりして、今どこをやっているか印をつけるなども一つの工夫だ。

また、事前に計画を立て、保護者や他の先生にも協力を求めるとよい。

(3)状況を視覚的に伝える

特別な支援が必要な子どものなかには、視覚優位の子や聴覚優位の子がいることから、変更を伝える際は口頭の説明だけでなく、短文、図や絵で視覚的に予定の変更を伝えると効果的である。口頭での説明を板書したり、カードを用いて新しい場面の状況を伝えたりするなどの工夫もよい。

様々な学校行事はいつもと違う行動を求めるから苦手だという子どももいる。前年の行事写真やビデオを見せたりしながら動きを確認する等、見通しをもたせることも有効である。

(4)新しい場面での行動の取り方を教える

これまでの手順や方法にこだわる子どもは、取るべき行動が分からなかったり、取るべき行動のレパートリーが少なかったりすることが考えられる。

そこで、予定変更を伝える際に、その場でどんな行動を取ればよいかを教えるとよい。そして不安なこと、困ったことがあったら先生に助けを求めるという行動の取り方を教えておく。

三　それでも予定変更を受け入れられない子どもへの対応

前述の対応をとっても予定変更を受け入れられない子どももいる。そういった子には、参加する・参加できないではなく、参加しないという選択も立派な方法であることを伝えることで気持ちが安定することもある。

教師と子どもの間で参加しないことも選択できることを約束し、その選択を尊重することが大切である。子どもは敏感なので、教師が仕方なく言ったり、残念そうな表情を見せたりしないように注意する必要がある。

四　学校での組織的対応

予定や時間割を変更した際に特に影響が出るのが特別支援学級だ。特別支援学級は、複数学年・複数学級の子が在籍していることが多い。

特別支援学級の担任は、複数の交流学級の時間割から、自学級の時間割や、学級の子どもが交流先で学習するのか、特別支援学級で学習するのかを組み合わせている。

そのため、特別支援学級の子どもの交流先の時間割変更が出ると、特別支援学級の担任への負担も大きくなる。一つ変わったことによって、学級全員の時間割を組み直す必要が生じる可能性も出るからだ。

そうならないために、校内で以下のような仕組みを作る。

> ① 前の週の木曜日までに確定した週案を交流先に送る
> ② 基本的に時間割の変更はしない
> ③ 変更がある場合は、前日までに担任と交流学級担任でやりとりをする

これらを年度初めに提案したり会議で共有したりして学校で共通理解をもっておくと、予定変更が生じても校内で統一された対応を取れるようになる。

また、一部の教師の思いつきでころころ行事予定を変更したり、行事を新しく入れないことも大事だ。

第4章

特性による不適応行動への対応場面編

1

多動　授業中、体が動いてしまうのは「脳」のせい？

絶対NG指導　体が動いてしまうことを注意したり、叱ってしつけようとしたりする。

落ち着きがなく、授業中に無意識に体が動いてしまう児童は、注意欠如・多動性障害（ADHD）の可能性が高い。学校では、次のような特徴が見られる。

①授業中に落ち着いて座っていることが難しく、立ち歩いてしまう
②手足をそわそわ動かす、じっとしていられない
②指名されていないのに答えてしまう

一　注意や叱責は、子どもと教師の関係をこじらせる原因となる

このような多動傾向のある児童は、脳内の注意・実行機能を司る神経伝達物質であるドーパミンの分泌量が低下しがちであると言われている。ドーパミンは運動することによって分泌量が上昇することが確認されている。

脳には足りなくなった物質を増やそうとする自動機能（ホメオスタシス）があると考えられている。多動傾向の児童が、動いていないと気分的に落ち着かないだけでなく、無意識のうちに体が動いてしまうのは、それらの運動によって、減少したドーパミンを増やそうとする脳の働きによるものである。「鼻がむずむずするとくしゃみが出る」「のどがイガイガすると咳が出る」などと同様に、無意識のうちに起こる脳か

らの指令なのである。

「動きたい」という無意識の行動に対する注意や否定、頻繁な叱責は、すべて教師のＮＧ行動である。これらの対応で少しの間、多動行動がおさまることもあるかもしれない。しかしドーパミンが減少した状態のままでは集中できず、脳の指令により再び無意識に体が動いてしまう。その結果、さらに強く叱られる。

多動の子は、これまでにも叱られてきていることが多く、褒められる経験が不足している。

精神科医の杉山登志郎氏は、次のように述べている。

> 多動性の行動の問題は周囲からの叱責を招きやすいので、容易に情緒的なこじれに展開してしまう。両親や教師など子どもを取り巻く環境の人間が、ＡＤＨＤ児に対して「おだてまくる」覚悟が必要なゆえんである。
>
> （『発達障害の子どもたち』講談社現代新書、一四〇頁）

叱られてばかりいると心が追い詰められて卑屈になったり、教師への不信感につながっていく。信頼できない人の話は受け入れられなくなり、より信頼関係がこじれるのである。

二　多動の子への指導の基本

多動傾向のある児童への対応は主に次の四つである。

（１）動ける時間を保障する

（２）良い行動を「しようとした」ときに、すかさず褒める

(3)ドーパミン系ネットワークを強くする
(4)医療関係と連携を取りながら対応する

(1)動ける時間を保障する

「じっとしていることが苦手」という多動性の症状への理解があれば、多動性を抑えようとするのではなく「動ける時間を保障するしくみ」を作ればよい。

たとえば、次のような指示を出す。

・「一回読んだら座ります」と言って、立たせて音読する
・「三問できた人は、ノートを持ってきなさい」

このようにして、授業のなかで自然に「体を動かす場面」を教師が意図的に作り出すようにする。

他にも、「先生の荷物を体育館に運んでくれる人?」と聞くと、多動の子は一番に手を挙げる可能性が高い。「役割を与えて動く」ことで、「動きたい」という欲求を良い方向にもっていくことができる。

(2)良い行動を「しようとした」ときに、すかさず褒める

良い行動をすれば褒める。これは教師ならば当然の行為である。

しかし、なかには教師が考える良い行動まで到達しない子もいる。彼らは褒められないことになる。

教師は、良い行動を「した」ときではなく「しようとした」ときに褒める意識をもつ必要がある。

立ち歩いている子が席に向かって歩き出したら「椅子に座ろうとしてるね」と褒める。後ろを向いている子が一瞬、前を向いたら「前を向いて聞こうとしてるね」と褒める。

子どもが「やろうとした」ことを褒めることで、多動傾向の子どもたちを褒める場面を増やすことができる。

（3）ドーパミン系ネットワークを強くする

多動傾向の児童には「楽しさ」を通して満足感を与えられるような対応をする必要がある。平山諭氏は、次の五つの対応が効果的だと述べている。

「運動を取り入れる」「活動に変化をつける」「高得点を与える」「見通しを示す」「目的を伝える」

授業にこの対応を取り入れることにより、ドーパミン系ネットワークの働きが良くなることが分かっている。授業のはじめには、一分間フラッシュカードや百玉そろばんのような、短くテンポの良い活動から入る。声を出したり、そろばんの「カチッ」という音を聞いたりすることで脳が活性化する。

（4）医療関係と連携を取りながら対応する

ＡＤＨＤと診断された場合、コンサータなどの薬が投与されることが多い。薬の効果によって授業に集中しやすくなり、衝動性、多動性が抑えられ、本人が生活を改善しやすくなる。

医療関係と連携を取りながら、より良い対応を考えていくことも大切である。

もし、学級にＡＤＨＤの疑いのある子どもがいる場合には、特別支援コーディネーターや管理職の先生方と相談の上、医療につなげていくことができるとよい。

教師の安易な判断ではなく、専門性のある医師の判断に基づいて必要な支援をしていくことが、児童の安定につながるのである。

2

注意欠如

「あの子は集中力がない」って、本当？

絶対NG指導 「気にならないので、大丈夫」と放置する。

一　注意欠如が見られる子に絶対にやってはいけない指導

注意欠如は、ＡＤＨＤ児に見られる基本症状の一つである。学校では次のような特徴が見られる。

○気が散りやすい
○一つのことに集中しすぎて、他のことが見えなくなる
○やるべきことや言われたことをすぐに忘れてしまう

実際の授業場面では、注意欠如が見られる児童は放置されてしまうことも多い。それは、症状が目立ちにくいためである。「授業中に立ち歩く」「教師の言葉に口を挟む」といった、ＡＤＨＤの他の症状に比べて、注意欠如は一見、問題がないように見える。そのため教師も特に気にせず、そのままにしてしまいがちである。しかし症状を見過ごすと、授業が終わったときに「やるべきことが何一つできていなかった」ということが起こる。こうなってからでは、時すでに遅し、である。

また、授業に集中できない児童に対して「あの子は集中力がない」と一方的に子どもの責任にする教師もいる。梶正義氏・藤田継道氏の研究では、児童の問題行動の要因を、関わる教師も含め、児童を取り巻く環境との相互作用から分析して改善を図るという取り組みにより、不注意や多動といった問題行動が低減するなどの改善が見られたことが示されている（https://www.jstage. jst.go.jp/article/tokkyou/44/4/44_

KJ00004953559/_pdf/-char/ja)。つまり、教師が児童の学習環境や自らの指導方法を見直すことで「集中できない」状態は改善されるのである。

子どものせいにする前に、まずは教師が教室環境や自らの授業方法を見直していく必要がある。

二　注意欠如が見られる子への指導の基本

注意欠如が見られる子への指導は、主に次の三つである。

- (1) 刺激を減らす
- (2) 変化をつける
- (3) 気づかせる

(1) 刺激を減らす

ＡＤＨＤ児は情報処理能力が弱い。そのため、余計な情報が入力されないよう、刺激の量を減らす工夫が必要である。たとえば、次のようなことである。

> 教室掲示を最低限にする。

教室の前面に学級目標や図工の作品などが掲示されていると、余計な視覚情報として入力され、学習に集中しづらくなる。下の写真のように掲示物を極力減らし、すっ

きりとした状態にするのがよい。また、机の横にはなるべく物をかけないようにし、机上にも筆記用具や教科書・ノートなど、そのときに使うものだけを置かせ、必要のないものやあとで使うものは片づけさせるとよい。

さらに、子どもに指示を出すときには、

不要な言葉を減らす

ことを意識する。言葉が多い説明や、一度にたくさんの指示を出すことは、児童の情報処理の限界を超えてしまう可能性がある。「えーと」などの教師の口癖でさえ気になって、集中できなくなってしまう。「できる限り説明を短くすること」「一度に出す指示は一つに限定すること」は、とても大切な教師のスキルである。

(2) 変化をつける

たとえば次のような手立てを講じることで、授業のリズムに変化をつけることができる。

一時間の授業を様々な活動で組み立てる。

国語の授業であれば、一時間の授業を「漢字」→「辞書引き」→「音読」→「教科書の読み取り」→「五色百人一首」のように、いくつかのパーツに分けて組み立てる。一つひとつの活動の時間を短くすることによって、四五分間の授業も集中力を切らさず、学習に取り組ませることができる。
また、

体を動かす場面を意図的に作り出す

ことも有効である。たとえば、「○○を三回読んだら座ります」「ノートに三つ書けたら持っていらっしゃい」などと指示する。動くことによって、集中力の基となる「ドーパミン」という神経伝達物質が脳内に分泌され、授業中にぼうっとする状態が解消される。

(3) 気づかせる

授業中、ぼうっとしたり手遊びをしたりする姿が見られたときには、その子のところにさりげなく近づき、肩をポンと叩いたり、机をトンと叩いたりして気づかせてあげるとよい。そして、「○ページを開けるんですよ」などと優しく教えてあげるようにする。

また、「お隣さんに説明しなさい」など、ペアやグループでの活動を取り入れることで、一人で作業をするよりも張り切って取り組む場合がある。

もちろんそうでなくても、グループで活動し、友達から教えてもらうことで、やるべきことに気づくこともある。

3

読字障害

「低学年で、これだけ読めたら大丈夫」という考えは危険

絶対NG指導

文章を速く、正確に読めるように繰り返し練習させる。

一 低学年で、読字障害が顕在化しにくい理由

読字障害の子どもは、学習障害の「聞く」「話す」「読む」「書く」「計算する」「推論する」という領域のなかで「読むこと」に困難がある。教科書などの文字を読むとき、二重に見えたり、揺らいで見えたり、鏡文字に見えたり、かすんで見えたりするのである。

実際の授業場面では、たとえば次のようなことが想定される。

- ○形の似た字である「わ」と「ね」、「シ」と「ツ」などを読み間違う
- ○小さい文字「っ」「ゃ」「ゅ」「ょ」を認識しづらい
- ○文章を読んでいると、どこを読んでいるか分からなくなる
- ○飛ばし読み、適当読みをしてしまう

このような困難があるにもかかわらず、教師から「正確に読みなさい」「もっと流暢に読みなさい」と指導されたらどうだろう。イライラが募り、自己肯定感が低くなる。一所懸命やっているのに注意され続けると、勉強嫌いや不登校の原因にもなりかねない。

医学博士の平岩幹男氏は、次のように言う。

読みの困難を抱える子どもに対して、学校は「くり返して読ませる」ことで克服させようとしています。しかし、その方法では、より読むことへの「拒否感」が強くなるだけで改善はしないと思います。
（『ディスレクシア 発達性読み書き障害トレーニング・ブック』合同出版、一二頁）

また、小学校低学年では学習内容が平易であったり、教科書が「分かち書き」されたりしていることから、読みの困難が見過ごされてしまうケースがある。しかし三年生ごろから「分かち書き」がなくなり、習得すべき漢字の数や抽象度が増してくる。すると、子ども自身の努力だけでは困難を解消できなくなり、「熟語が読めない」「言葉の意味が分からない」などの問題が増えてくる。

よって、低学年の分かち書きが使われている時期に、読み・書きに対して適切な支援をしていくことが必要である。

二　読字障害の子への指導の基本

通常、人は聞いた音を文字に変換したり、書いている文字のかたまりから物をイメージしたりしながら音読をしていく。文字を読むときには、文字から音への変換が連続的にすばやくされる必要がある。また、いくつかの文字をまとめて知っている語句に変換しながら意味づけて読み進めていくのである。

しかし読字障害の子は、文字を音に変換できなかったり、文字と音が結び付いても文章の意味が読み取れなかったりする。また、視覚的に意味のある語句のまとまりを抽出できない場合、つっかえ読みになってしまう。

よって、読字障害の子には次の指導が効果的である。

(1)スモールステップで文字を読むトレーニングをする
(2)暗唱させて、視覚入力をトレーニングする

(1)スモールステップで文字を読むトレーニングをする

平岩幹男氏は、前掲書で八つのステップを紹介している。そのなかでも最初の三つが大切だ。

> ① ひらがなを早く正確に読む
> ② 単語を音のまとまりとして読む
> ③ 文章を読む
> (同書、一六頁)

まずは、ひらがなを瞬時に読めるトレーニングをさせる。たとえば、ひらがなフラッシュカードを作成し、授業冒頭の五分でリズム、テンポ良く読ませるとよい。特に「ね」と「ぬ」、「め」と「ぬ」、「あ」と「ゆ」、「は」と「ほ」、「ま」と「も」、「き」と「さ」、「い」と「こ」、「く」と「し」、「つ」と「て」、「る」と「ろ」、「む」と「す」は、読み間違いが多い。

次に、単語を音のまとまりとして読むトレーニングをさせる。たとえば「いぬ」を「い」と「ぬ」ではなく、「いぬ」と音のまとまりで読ませる練習である。通常、私たちは「いぬ」という文字を見たとき、「い」「ぬ」と読んでいるのではなく「いぬ」という音のまとまりとして読み、瞬間的に「いぬ」の姿を思い浮かべている。この音のまとまりを「チャンク」という。

この「チャンク」の力の形成なしに学習を進めていくことは難しい。

鳥取大学の小枝達也氏のグループが開発した「ディスレクシア音読指導アプリ」を使用するのも有効である。無料でダウンロードすることができる。たとえば「つみき」と画面に出たら、二秒後に音声の「つみき」が出る。音声が出る前に、見た瞬間、言えるように練習する。同時にイラストも表示され、語彙を増やすトレーニングにもなる。

最後に、文章を読むトレーニングをさせる。低学年では、耳で聞いて、すぐに文章を覚えてしまう子どもがいる。文字を見ながら読ませるようにすることが大切である。

そのために、どの文字を読んでいるか、指で押さえながら読ませたり、まとまりごとにスラッシュを入れたり、名詞をマーカーで塗ったりすると読みやすくなる。また、リーディングルーペを活用するのもよい。読んでいる行がハイライトされ、かつ拡大されるので、読み間違い、行とばしなどが起きにくくなる。

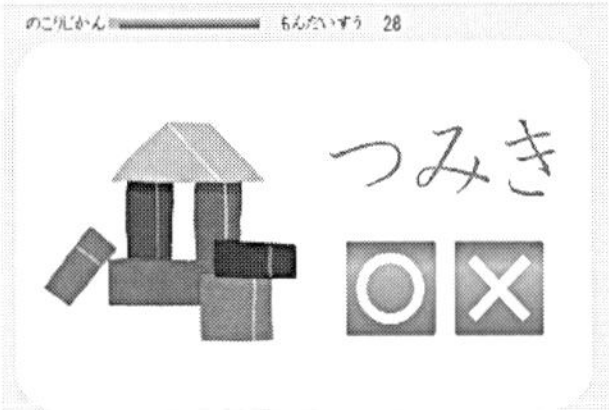

(2) 暗唱させて、視覚入力をトレーニングする

音読が極端にたどたどしい子には、暗唱を用いた音読指導が効果的である。

教科書の扉の詩や短い詩教材のときは、音読練習を一通りしたあと、「暗唱」させるとよい。短い詩なので、音読が苦手な子でも暗唱できるようになる。暗唱できるようになった状態で、詩を見て読ませる練習をする。つまり「脳」→「音声での出力」に「視覚入力」を付け加えるのである。

暗唱していたにもかかわらず、文字を見ながら言うと少したどたどしくなる。このとき、「視覚入力」をトレーニングしていることになる。このような経験を積み重ね、スラスラと読めるようになるまで練習すれば、読字障害の子もだんだんと読めるようになっていく。

4

書字障害

たくさん練習すれば、漢字は書けるようになるのか？

絶対NG指導

宿題や居残り勉強で、漢字をたくさん書かせる。
はねやはらいなど、細かいところまできちんと書かせる。

一　書字障害の子にたくさん書かせても、丁寧に書かせても、書けるようにはならない

漢字の苦手な子が、どの教室にも存在する。繰り返し練習をしても、なかなか覚えられない。多くの教師は経験則から「努力が足りないからだ」と解釈し、宿題をたくさん出したり、放課後に残したりして、漢字を他の子よりもたくさん書かせようとする。

漢字が書けないのは、書字障害の可能性がある。書字障害とは「知的発達に遅れがないのに、年相応の文字が書けない」障害のことである。原因はまだ明らかではないが、中枢神経系に何らかの機能障害があるのではないかと言われている。

医学博士の平岩幹男氏は、次のように言う。

> 書く練習もやり方次第です。
> たとえば「道」という漢字を10回書く、これではあまり読み書きができるようにはなりません。
> （『ディスレクシア 発達性読み書き障害トレーニング・ブック』合同出版、四五頁）

漢字をたくさん書かせても、漢字を書くことができるようにはならない。また、奥谷望氏・小枝達也氏の論文「漢字書字に困難を有する児童の要因に関する研究」には、反復練習がよい練習方法とは言えない

ことが示されている。

> 漢字が苦手だと訴える子どもに対し、なぜ苦手なのかを検討することは、子どもの漢字学習をより意味のあるものとし、むやみに反復学習をしないために必ず必要なことである。また、指導につなげるには、困難と共に得意な能力を知ることが必要である。
>
> （https://repository.lib.tottori-u.ac.jp/files/public/0/3107/20180622153731100434/rs8(2)_39.pdf）

漢字学習は、むやみに反復練習をするよりも、得意な能力を活かした練習方法にしなければいけないのである。

また、漢字指導をする際に「とめ、はね、はらいを厳しく指導する」ということがある。テストでも、とめ、はね、はらいができていないとバツをつける先生も多い。平岩氏は次のように言う。

> ディスレクシアを抱えた子どもたちが、漢字を書く場合にとても悩ましいのが「とめ」「はね」「はらい」の問題です。
>
> （同書、五七頁）

書字障害の子どもたちは、「とめ」「はね」「はらい」を厳しく指導すればするほど書けない不安が大きくなり、漢字が苦手になっていく。

二　書字障害の子への漢字指導

書字障害の子が安心して漢字学習に取り組むためには、次の方法が有効である。

- （1）鉛筆で書くときは、「なぞり書き」から始める
- （2）カラーマスノートを活用する
- （3）「とめ」「はね」「はらい」は、お目こぼしする

（1）鉛筆で書くときは、「なぞり書き」から始める

書字障害の子の場合、へんとつくりが逆になっていたり、横線の数が違っていたり、漢字そのものを書き間違えてしまうことが多い。

間違えた漢字を繰り返し練習することで、誤学習をしてしまう。

漢字を間違えて練習しないように、次のようにする。

> 漢字練習は、「なぞり書き」から始める。

『あかねこ漢字スキル』（光村教育図書）は、指書きをしたあと、最初になぞり書きを行うシステムになっている。さらに、二文字目、三文字目にも一部なぞりがついているため、子どもは安心して取り組むことができる。

(2) カラーマスノートを活用する

カラーマスノートは、書字障害の子どもたちのひらがな・漢字指導のために作られた教材である。

> 「カラーマス」は、色や形に関わる視覚認知の腹側経路を利用できるので、「どこに配置するか」がわかりやすく、発達性ディスレキシアの「読み」「書き」の改善に有効です。
> （日本医療福祉教育コミュニケーション協会ホームページ）

カラーマスノートは、漢字を書くエリアを青、赤、黄、緑の色で分けており、学年ごとにお手本が書かれている（「カラーマスノート」は、Ａｍａｚｏｎで購入することができる）。このカラーマスノートを渡して、「できるだけお手本と同じように書いてごらん」と指示する。「できるだけ」がポイントである。「そっくりそのまま」や「丁寧に」というワードが入ると、書けないという不安が大きくなる。

書字障害の子が、安心して漢字練習できるようにしてあげることが大切である。

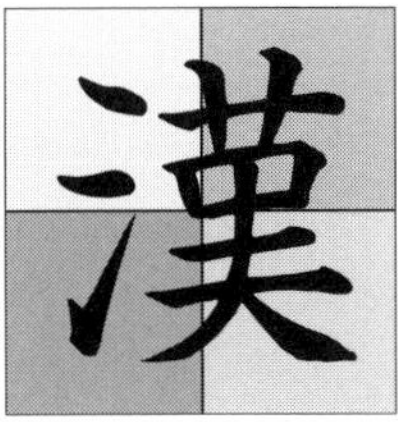

(3)「とめ」「はね」「はらい」は、お目こぼしする

二〇一六年、文化庁から「常用漢字表の字体・字形に関する指針（報告）について」という通達が出された。このなかで、「とめ」「はね」「はらい」の厳格適用は必要ないことが明記されている。

この資料をもとに、「とめ」「はね」「はらい」ができていなくても丸をつけてやり、成功体験を積ませることで、書字障害の子の自信をつけてあげることも大切な指導である。

5

算数ＬＤ

算数の学力をつけるなら「操作」よりも「量感」

絶対NG指導 ▼ 計算ができているので、数概念が育っていると思い込んでしまう。

一 算数ＬＤの子にやってはいけない指導

算数ＬＤは、学習障害の「聞く」「話す」「読む」「書く」「計算する」「推論する」という領域のなかで、「計算する」「推論する」に困難がある。筑波大学教授の熊谷恵子氏は、算数ＬＤを「数処理」「数概念」「計算」「数的推論」の四つの領域に整理している。具体的には、次のようなつまずきがある。

1. 数処理……数詞、数字、具体物の対応関係が分からない。
2. 数概念……数の量的な概念や数の順序が分からない。
3. 計算……暗算や筆算ができない。
4. 数的推論……文章を読んで、具体的な場面を思い浮かべることができない。

（熊谷恵子・小山ゆう『通常学級で役立つ算数障害の理解と指導法――みんなをつまずかせない！ すぐに使える！ アイディア48』学研教育みらい、二〇頁）

実際の授業場面では、たとえば、次のようなことが想定される。

○数え飛ばしたり、つっかえたりして、数を正しく数えられない
○桁の大きい数字を読んだり、書いたりできない

○いつまでも指を使って計算し、時間がかかる
○計算はできるが、数のまとまりを見つけたり、分けたりすることができない
○文章題で何を求めるか分かっても、式が立てられない

このようなつまずきを「なぜ、分からないの」「こんな簡単なこともできないの」と子どものせいにする指導は、絶対にやってはいけない。算数嫌いの子が続出する。また、計算ができるからといって、内容を理解しているとは限らない。数概念が育っていなければ、文章題でつまずく可能性が高い。

二　算数ＬＤの子への指導の基本

算数ＬＤには様々な「つまずき」のパターンがあるが、指導の基本は、数の「操作」よりも「量感」を意識させる指導をすることである。たとえば、次のようなことである。

- (1)優れた教材を使って、量感を養う
- (2)運動を取り入れて、数概念を育てる
- (3)文章問題では、問題をイメージさせるために図を描かせる

(1)優れた教材を使って、量感を養う

量感を養う教材には、次のようなものがある。

ア：百玉そろばん（教授用）　イ：百玉そろばん（児童用）　ウ：TOSSかけ算九九計算尺

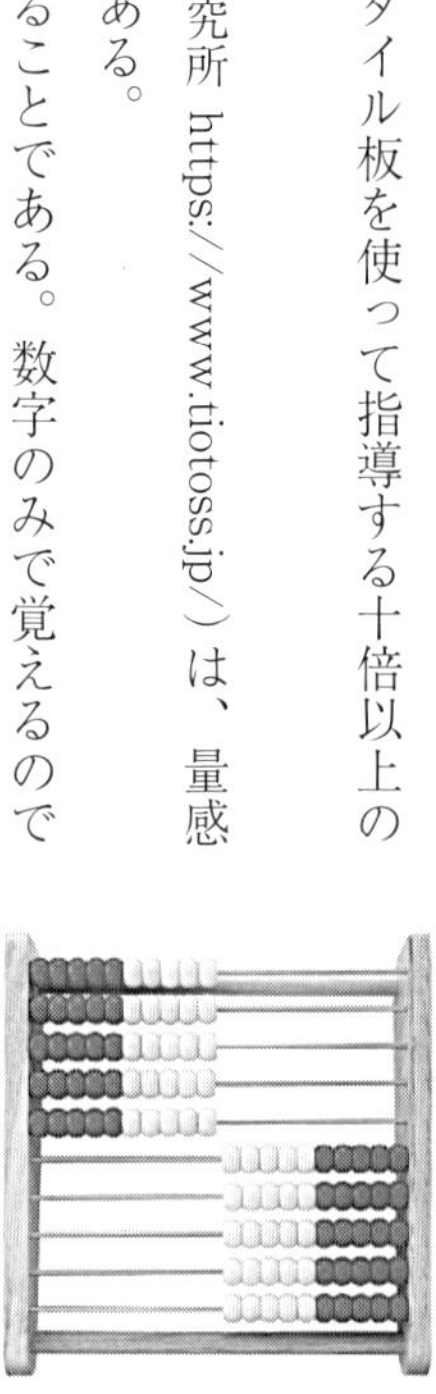

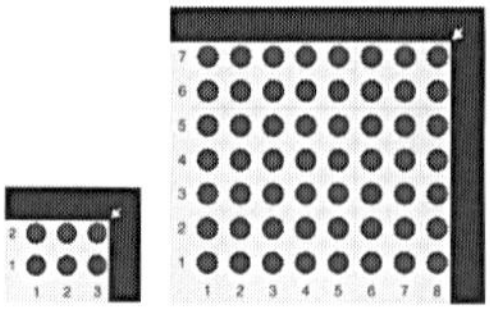

教師用百玉そろばんは、どの学年でも算数授業の導入に活用できる。児童用百玉そろばんは、低学年の算数授業で活用できる。数唱や数の合成、分解を口で唱え、玉を操作することで量感覚をつかむことができる。操作は、玉をスライドさせるだけなので、とても簡単である。5や10の数の合成、分解が一目で分かる。ブロックやタイル板を使って指導する十倍以上の練習量を確保できる。

「TOSSかけ算九九計算尺」（教育技術研究所 https://www.tiotoss.jp/）は、量感とともに九九を覚えることのできる教材である。

最大の特徴は、かけ算を一目で理解できることである。数字のみで覚えるのではなく、「具体物→半具体物→抽象」の順で覚えるように三種類のカードで練習できるようになっている。そのカードの上にかぎ形の透明シートをのせ、唱える。抽象のカードの右上には、答えとなる数字が小さく書かれている。量と数字が合わさることで量感が養われていく。

（2）運動を取り入れて、数概念を育てる

海外では、数概念を「ナンバーセンス」と呼び、研究が進んでいる。アメリカの学術誌『Frontiers in Human Neurosciene』二〇一六年一〇月号には、「体全体を使った粗大運動を取り入れると、より算数の学習効果がアップする」という報告論文が掲載されている。ボストンのランドマークスクールでは、ナン

バーセンスを系統的に指導できるようにカリキュラム化されている。日本は後塵を拝している。

向山洋一氏は、公倍数を次のように指導した。「2の倍数、3の倍数のグループに分け、数を数えながら自分の倍数になったときに立たせる」。こうすると、公倍数の概念を感覚的に理解できる。このような実践の開発が必要である。

(3) 文章問題では、問題をイメージさせるために図を描かせる

玉川大学教授の谷和樹氏は、文章題でつまずく原因を次に示すいずれかであると指摘している。

・問題場面がイメージできない・問題場面を絵や図に変換できない・絵や図を式に変換できない
（「文章問題を解けるようになるには基本的なロジックがある。基本を教えた上で「面積図」「てんびん図」などの有効なツールを活用しよう」『向山型算数教え方教室』二〇一四年一〇月号）


まずは教師が問題を範読し、そのあと「何のお話ですか」と問う。「～の話」と様々な答えが出るだろう。続いて「それから、どうなりましたか」のように問い、問題をイメージさせることが大切だ。

次に、問題場面を絵や図に描かせる。自分で自由に描かせ、「より解きやすい図」はどれなのか検討させる。そのあと、教科書に出てくるような「テープ図」や「線分図」等に抽象化して描いた方が便利であることを教える。高学年であれば、面積図等も教えるのもよい。

最後に、絵や図から立式させる。多くの場合、絵や図が描けたところで答えが出ている。「みなさんが描いた絵や図を式にすると、このようになります」と教えればよい。

6

こだわり

こだわっていることを無理やり止めさせると、逆効果になる

絶対NG指導

こだわりを無理やり止めさせようとする。

一　こだわりの強い子どもの特徴とは？

書写の時間、お手本そっくりにこだわり何度も消しては書き直す。運動会の練習などで時間割が変更になると納得がいかず練習に参加しない。休み時間が終わっても遊び続ける。こういった行動をとる児童がいる。

教師はこのような行動に対して、「そんなに書き直さなくてもきれいに書けているよ」「運動会の練習に変わったから練習に行きますよ」「そろそろ片付けなさい」と声をかける。しかし、行動は止まらない。最後には「いいかげんにしなさい」と強い口調で注意したり叱ったりして行動をやめさせようとする。結果、パニックになり、余計に動かなくなる。そうでなくても、次のような行動をとることがある。

> あるこだわり行動を減らそうと指導や訓練を施した結果、別のこだわり行動に「移行して」しまったという苦い体験が数々あります。
>
> （白石雅一『自閉症スペクトラムとこだわり行動への対処法』東京書籍、五三頁）

途中でやめさせることにより、こだわりがより強くなったり、別のこだわり行動が生じたりする。つまり、このような指導はほとんど効果がないばかりか、逆にこだわりを強くしてしまうのである。

こだわり行動は、自閉症スペクトラム（ＡＳＤ）児に見られる行動症状の一つである。

ＡＳＤには次のような特徴がある。

自閉症のある子は、一定の法則にそった行動は安心できますが、予期しない変化が起こると動揺します。
（田中康雄・木村順〔監修〕『これでわかる自閉症とアスペルガー症候群』成美堂出版、三八頁）

こだわりや不安が生まれる背景要因の一つとして、特定の感覚への過敏性があげられる。自分にとって安心できる環境や物が限定されている場合や、物事の細部に目がいきやすく、わずかな変化にも大きな不安が伴いやすいといった場合がある。

だから、「見通しがもてる」状況ならＡＳＤの子は安心して生活できる。こだわり行動は、同じ行動をすることで安心感を得ていると言える。

反対に、急な予定変更があると見通しがもてず不安になる。また、「お手本そっくりにはみ出さないように書く」というめあてを掲げられると、少しでもはみ出すことが気になり、何度も消して書き直すという行動になる。

このような行動は、わがままや自分勝手と捉えられがちであるが、決してそうではないことを教師は知っておかなければいけない。

二　こだわりの強い子への指導の基本

こだわり行動に対しては、次のような対応が基本となる。

（1）まずは「こだわり」を受け入れる
（2）こだわる程度を決めさせる
（3）かすかな成長を褒める

（1）まずは「こだわり」を受け入れる

こだわりの強い子は、こだわりたくてこだわっているわけではない。不安や心配なことがあったり、一つのことが気になると、納得がいくまで気になって仕方がないのである。何が気になっているのかを理解することが大切である。

そのために、まずは不安やこだわりを受け入れる。

「そうか、○○が気になるんだね」

と気持ちを受け止める。

「そ」のつく言葉（そうか、そうなんだ、そのとおり、など）は子どもが認められていると感じやすいことが分かっている。不安や心配な気持ちを教師が受け止めてくれると、子どもは安心する。

たとえば何度も書き直す子には、「丁寧に書こうとしているんだね」と声をかけ、納得がいくまで書かせてあげる。納得がいったら「良かったね」と声をかける。次第に、その子のこだわるポイントやルールが見えてくる。

(2) こだわる程度を決めさせる

こだわるポイントやルールが分かってきたら、

無理のない範囲で少しずつこだわる程度を自分で決められるように支援していく。

ＡＳＤの子は、自分で決めたことは守ろうとする特性がある。

たとえば、休み時間が終わっても遊ぼうとしたり読書を続けようとしたりする子には、「あとどれくらいの時間にする？」と聞き、「あと五分」や「時計の長い針が12になるまで」など、自分で決めさせる。自分で決めさせ、「できたら褒める」を繰り返していく。

(3) かすかな成長を褒める

自分で決めた時間を守り、それを褒めてもらうことを繰り返していくうち、こだわる時間が少し短くなってくることがある。「今日はあと一分でいい」といった様子である。

そのかすかな成長をすかさず褒める。

「いつもより短くなったね、すごい」と認め、成長を一緒に喜ぶ。こだわりが少し短くなったことを本人に伝えて褒めることで、少しずつこだわりが減ってくる。こだわり行動は、こだわりをなくそうとするのではなく、日常生活に困らない程度に減らすことを目指していく。

7

反抗挑戦性障害

「めんどくせー」にいちいち対応する

絶対NG指導 「めんどくせー」と言う子に対して、叱責を繰り返す。

ODDの子に真っ向勝負を挑むと失敗する

体育の時間、教師が「ドッジボールしよう」と呼びかける。

周囲の子どもたちが喜ぶなか、「めんどくせー。そんなのやりたくない」と言う子がいる。自分にとっても楽しいことのはずなのに、教師の言葉に反抗しようとする。


このような特徴が見られるのが、反抗挑戦性障害（ODD）である。

ODDとは、親や教師など目上の人に対して拒絶的、敵対的、挑戦的な言動が目立つものである。

学校では、次のような特徴が見られる。

○周囲からの刺激に対して過剰に反応し、かんしゃくを起こす
○周囲がイライラする挑発的な行動をとる
○教師の言うことにいちいち逆らう

「めんどくせー」という発言に対し、教師は「叱る」という対応を繰り返すことが多い。しかし子どもはさらに反抗的になる。そうなると教室の雰囲気がどんどん悪くなっていく。周りの子たちの教師に対する信頼感は低下していく。同時に、反抗している子への不満も募っていく。まさに悪循環である。

このような「教師の叱責」が日常的になっている状況は、ODDの子の脳にも、周囲の子の脳にも良く

ない影響を及ぼす。

医師の加藤俊徳氏は次のように述べている。

【脳の成長に悪い環境】
①いつも怒られている
②いつもせかされている
③言ったことをいつも否定されている

（『発達障害の子どもを伸ばす脳番地トレーニング』秀和システム、九五頁）

ＯＤＤの子は、これまでに幾度も叱責や批判を受け続けてきたものと考えられる。このような日常的に叱られたり、否定されたりする環境を変える必要がある。

二　ＯＤＤの子への指導の基本

反抗的な言動に対しては、次のように対応するとよい。

（1）無視できる行動は無視する

（2）否定語や逆接「でも」を使わないようにする

（3）教室で成功体験を積ませる

(1) 無視できる行動は無視する

「めんどくせー」に対して叱責すると、「先生がかまってくれた」と受け取られてしまう。結果、余計に反抗するという行動につながる可能性がある。「めんどくせー」という言葉に対しては、

笑顔で無視する／目も合わせない

という対応をとる。「ポジティブ・ノーリアクション」と呼ばれる対応である。この対応をすると、一時的に反抗的な態度が強くなることがある。しかし二週間程度我慢すれば、「反抗しても相手にされない」と理解し、少しずつ落ち着いてくる。ただし、重要なのは無視したあとに「適応行動を促し、すかさず褒める」ことである。完全に無視してしまうと否定されていると感じ、さらに教師への反抗心をあおることになる。良い行動をしたときには、すかさず強い刺激で褒めることが大切である。

しかし、良い行動を褒めようと思っていても、なかなか良い行動に出合わないこともある。このような場合、信州大学医学部附属病院の原田謙氏は、次のように考えるとよいと述べている。

100%を待つのではなく25%でほめるようにする。

（『反抗挑戦性障害・素行障害　診断治療ガイドライン』、一二一頁）

ほんの少しのことでよい。少しでも指示に従おうとした、少しでも適切な行動を取ろうとしたときに褒めることで、行動は変容していく。

(2) 否定語や逆接「でも」を使わないようにする

子どもが自分の思いを否定されたと思わせないようにすることである。たとえば「書くの嫌だ」と言った場合、「そうだよね。でもね、……」と「でも」を使った時点で、子どもの思いを否定することになる。この場合、「そうだよね。まず、ここまでにしよう」など、思いを受け止めた上で少し変化を加えた提案をしてみるなどの工夫が必要である。また、語りかける口調は次のようにするとよい。

> 声のトーンをおさえて、子どもに近づいて、静かに話す。（同上）

特に子どもが指示に従わない場合、教師もイライラしてだんだん声が大きくなってしまいがちである。そうならないよう小さな声で、穏やかに話すことが大切である。

(3) 教室で成功体験を積ませる

成功体験を積ませ、自尊心を高めることが重要である。まずは、その子の得意なことを見つけて、成功しやすいことからチャレンジさせる。成功したときに、教師やクラスメイトから「すごい」と称賛される。この経験の積み重ねが、自尊心を高めていく。

また、役割（当番活動）を与え、具体的な行動を褒めることだ。なかには、褒められるのを極端に嫌がる子もいる。その場合は「○○していたね」と適切な行動を認める言い方にするとよい。

いずれにしても、肯定される体験を積ませることが大切である。教室での成功体験を親に伝え、共に褒めてもらうことも有効である。

8

愛着障害

「子どもを膝の上にのせるな」という指導は、本当にそれでいいの？

絶対NG指導 ▶ スキンシップを求める子に対して、一切、スキンシップをしない。

子どもたちが教師の膝の上にのってきたり、手をつないできたりすることがある。

このとき、先生方はどのように対応されるだろうか。

ある学校では、次のように指導をしているそうである。

一 愛着障害の子が深く傷つく指導

「膝の上にのってくるのはダメです」「手をつなぎません」


理由は、感染症対策や児童・生徒へのわいせつ行為防止だそうである。もちろん、このような配慮は大切である。しかし、すべての子どもに適用してよいわけではない。たとえば愛着障害の子である。

愛着障害は読んで字のごとく、特定の他者との間に形成される情緒的な絆の愛着（Attachment）が欠けている状態のことである。愛着障害における「愛着」とは、生存、安全を確保するために特定の養育者（主に母親）に対して子どもが一方的に形成する絆のことである。しかし、それが何かの理由で十分でなかった場合、次に求めやすい対象は保育士や教師である。

その教師が〝何度も求めてくるスキンシップを拒む〟と、その子どもの心は乱れるのみである。

二　なぜスキンシップを求めてきているのか？

子どもが膝の上にのってきたり手をつないできたり、様々な場面で子どもの方からスキンシップをとってくることがある。では、なぜ子どもたちはそのような行動をしてくるのだろうか。

愛着障害の子どもは、特定の養育者との絆を形成できていない状態である。愛着とは主に、乳児期くらいに抱っこなどのスキンシップを通して形成される心理的な絆のことである。適切な養育が行われていないと、情緒や人間関係にまで問題が生じることになってしまうのだ。

安全なはずの親からの虐待やネグレクト、離婚や家庭の崩壊などの体験が原因となる。愛着障害になると、その子の根底で、対人関係はもちろん、自己肯定感の低下など、感情や認知・行動にまで幅広く影響することとなる。

> 子どもは、いつもそばで見守ってくれ、必要な助けを与えてくれる存在に対して、特別な結びつきをもつようになるのだ。求めたら応えてくれるという関係が、愛着を育むうえでの基本なのである。
>
> （岡田尊司『愛着障害――子ども時代を引きずる人々』光文社新書（電子書籍版）、三四三頁）

教師を心から信頼した子どもにとって、スキンシップを拒まれることは基本的な安心感や信頼感をもつことができなくなることを意味する。もちろん、スキンシップだけがすべてではないが、重要であることは間違いない。

保護者の次に身近で、心のフォローをしてあげることができるのは教師である。教師は、愛着に課題を抱える子どもたちの安全基地になる必要がある。

愛着障害が回復しないと症状はさらに悪化し、行為障害等の二次障害を引き起こす。こうなってしまえば、回復までにさらに時間がかかることになる。

三　愛着障害の子への指導の基本

愛着障害の子に対して考えられる対応は次の三つである。

- (1) スキンシップは積極的に行う
- (2) 本人の言葉を認め、褒める
- (3) 保護者にスキンシップをお願いする

(1) スキンシップは積極的に行う

スキンシップは、愛着障害の子にとって、とても嬉しいことである。愛情ホルモンである「オキシトシン」という脳内物質が出るからである。

しかし、高学年になると「膝の上にのせる」というスキンシップを嫌がる子もいる。そのような場合は、多様なスキンシップの方法を使えばよい。たとえば次のような方法である。

> ○握手や指同士でのタッチ　○グー同士でのタッチ　○肩にトントンと触る

子どもの状況や場面に応じて、使い分けるようにする。

(2) 本人の言葉を認め、褒める

愛着障害の子の発言に対しては、原則的にすべて認めるようにする。教師が意図した回答でなかったとしても「なるほど！　よく言ってくれたね！」と明るく褒める。

このとき、間を空けてはいけない。「即時対応」することが大切である。岡田氏は次のように述べる。

> 愛着がスムーズに形成されるために大事なことは、十分なスキンシップとともに、（母親が）子どもの欲求を感じとる感受性をもち、それに速やかに応じる応答性を備えていることである。
>
> （同書、三四一頁）

素早い反応が、「この人は何を伝えても受け止めてくれる」という安心感を与えることになる。

(3) 保護者にスキンシップをお願いする

愛着障害の子への対応では、保護者の協力は不可欠である。

保護者の話を聞くことが大前提である。十分に話を聞き、受容した上で、「褒めてあげるとき、頭をなでてやると効果があるそうですよ」「とにかくハグしてあげると、落ち着くそうですよ」とスキンシップの方法を伝えるようにする。

ただし、保護者にお願いをするときには配慮が必要である。なかには「一生懸命、愛情を注いでいる」と思っている方もいる。そのような場合も、保護者の話を受容しながら、「こんな方法もありますよ」といくつかの方法を紹介する形を取ることで、相手も受け入れやすくなる。

9

場面緘黙

「がんばってしゃべりなさい」は、大きなお世話である

絶対NG指導

話すことを強要したり、プレッシャーをかけたりする。

「しゃべりなさい」というプレッシャーが、症状を悪化させる

場面緘黙とは、「他の状況で話しているにもかかわらず、特定の社会的状況において、話すことが一貫してできない状態」（DSM-Vの診断基準による）を指す。

たとえば、家では大きな声でしゃべるのに、学校ではまったくしゃべらなかったり、休み時間には話すことができるのに、授業中の発表になると答えられなくなったりする。

場面緘黙は「不安症／不安障害」に分類されることが明らかになっており、話をしなかったり、発表しなかったりするのは、わがままではないことが分かっている。

しかし、場面緘黙の知識がなければ次のような誤解が生じる。

「家では話ができるんだから、学校でもがんばれば話ができる」

「休み時間は話ができるんだから、がんばれば授業中の発表もできる」

このように考えている教師は「発表しなさい。がんばれば、あなたならできるはず」と話をするようにプレッシャーをかけたり、「なぜ発表しないの？　発表しなさい」と発表を強要したりする。

このような過度のプレッシャーを与えたり、話すことを強要したりする指導を行うと、どうなるのか。

アメリカの場面緘黙症協会名誉所長のE・シポンブラム（Elisa Shipon-Blum）博士は次のように述べている。

スマートセンター（SMart Center）での調査によると、数年にわたって話すようにプレッシャーを

かけられた場面緘黙症の子どもは、症状が持続するだけでなく、より症状が悪化する方向に強化されます。場面緘黙の子どもたちは、欲求不満、場面緘黙症のことを大人が理解できないこと、そして他の子どもたちに話すようにプレッシャーをかけることの組み合わせから、反対の行動（さらにしゃべらなくなるなど）を起こすかもしれません。

（「SMart Center」https://selectivemutismcenter.org/）

プレッシャーを与えたり話すことを強要したりすることで、より強固にしゃべらなくなってしまうなど、症状を悪化させてしまうのである。さらに、場面緘黙症は年齢が高くなるほど改善しにくくなることも分かっている。

教師が場面緘黙に関する正しい知識をもって対応していく必要がある。

二　場面緘黙の子への指導の基本

場面緘黙の子への指導は、次の三つである。

- （1）多様な表現方法を用いて表現させる
- （2）スモールステップで自信をつけながら、場数を踏ませる
- （3）保護者と連携するなど、周囲の理解を得る

（1）多様な表現方法を用いて表現させる

場面緘黙の子は、特定の場面での言葉による表現ができないのが特性である。

言葉による表現ができないなら、言葉以外の表現方法を使えばよい。

たとえば、次のような方法である。

① ノートに書かせて、周りの子や教師が読む
② 絵を使って選択させる
③ 教師が「～ということかな」と、子どもの気持ちに合う言葉を探す

発声できないなら、ノートに書かせればよい。ノートに書くことができれば、その内容を教師が読んであげればよい。周りの子の理解があるなら、周りの子に読んでもらうことも一つの方法である。

低学年の場合、文章で書くことが難しいなら、絵カードを使って「どっちかな？」と聞けばよい。「パッと行動支援絵カード」（教育技術研究所 https://www.tiotoss.jp/）などを使うと余計な情報がなく、混乱が少ない。

感想など自分の気持ちを表現する場合は、教師が「楽しかった？　悲しかった？」と直接聞き、うなずかせれば表現したことになる。
様々な表現方法を使い、柔軟に対応していくことが必要である。

(2) スモールステップで自信をつけながら、場数を踏ませる

言葉による表現をトレーニングするなら、スモールステップで指導することが大切である。

本人が「この状況なら話ができる」という状況から始める。

家で話ができる子なら、たとえば次のようにステップを作る。

【ステップ１】「家」で、「教師と保護者」がいる状態で話をする。
【ステップ２】「家」で、「教師だけ」がいる状態で話をする。
【ステップ３】「放課後の学校」で、「教師と保護者」がいる状態で話をする。
【ステップ４】「放課後の学校」で、「教師だけ」がいる状態で話をする。
【ステップ５】「放課後の学校」で、「教師と友達」がいる状態で話をする。
…

このようにスモールステップで、「休み時間→授業中」というように移行していく。そのステップが難しければ、一つ前に戻ればよい。

大切なのは「慌てない」ことである。一年ではなく、数年にわたって指導するイメージが必要だ。

（３）保護者と連携するなど、周囲の理解を得る

場面緘黙は理解されにくい。周囲の人は「普段はしゃべれるのに、なぜ授業中になるとしゃべれないのか」と感じてしまう。保護者でさえ分からないこともある。

学校側が先に気がついた場合は、保護者と連絡を取り、関係機関とも連携を取りながら、指導を進めていくことが大切である。

学校と保護者が同じ方向を向き、周囲の理解を得ていくことが、場面緘黙の子を救う。

第5章

家庭でのトラブル編

1

宿題をたくさん出すことで、学力は上がるのか？

絶対NG指導 その子ができない内容・量の宿題を出し、提出しないと叱る。

一　宿題の効果を示すエビデンス（科学的根拠）はあるのか？

毎日たくさんの宿題を出す教師がいる。宿題をたくさんさせることで子どもの学力が高まる、と考えているのだ。そして宿題をたくさん出すことが優れた教師の条件であり、熱意の象徴であると信じている。

しかし、宿題には本当に学力を高めるような効果があるのだろうか。

「家庭学習の継続的な習慣付けを図るために家庭学習の課題を与えることが、学力向上につながる」ことが、全国学力学習状況調査の結果から分かっている。一見すると、宿題と学力に相関関係があるように見える。しかし、習慣付けすることが目的ならば、宿題の量は少なくてもよいし、内容は簡単なものでもよいはずである。毎日ノートにびっしりと漢字練習をさせたり、計算練習を二〇問やらせたりする宿題は、意味があるのだろうか。

「宿題」とその効果との関係を裏付けるエビデンスはあるのか。実は、海外では宿題の効果に関する研究が多くなされている。研究で明らかになったエビデンスをいくつか紹介する（ジョン・ハッティ／山森光陽訳『教育の効果――メタ分析による学力に影響を与える要因の効果の可視化』図書文化社、二四八～二五〇頁より）。

（1）宿題の効果は高校生では中学生の二倍、中学生では小学生の二倍（Cooper, 1989）

宿題の効果は、学年が上がれば上がるほど高まる。逆に言えば、学年が低いほど宿題の効果も低くなるということだ。これは、年齢によって基盤となる学習能力に差があることが影響していると考えられる。

小学校低学年の、まだ一人で学習する習慣が身についていない段階で宿題をたくさんさせても、あまり効果は期待できないのである。

(2) 学力の低い子より高い子の方が宿題の効果が高い (Trautwein, Koller, Schmitz & Baumert, 2002)

同じ宿題に取り組んでいても、その効果の大きさは子どもの学力によって左右されてしまうという。学校ではクラス全員に一律で同じ内容・同じ量の宿題が出される。しかしその効果は、学力が高い子には高く、学力が低い子には低くもたらされることになる。つまり、宿題によって学力の格差が広がってしまう可能性があるということだ。他にも、学力低位の子に宿題を与えることは、学習意欲を低減させ、誤った学習行動を定着させ、効果的でない学習習慣を身につけさせることにつながる可能性が指摘されている。

多くの教師は、学力低位の子のために親切心で宿題を出している。この子のためになる、と心底信じている。しかし「勉強ができない子」が宿題によって「勉強ができる子」になる可能性は極めて低いのだ。

(3) 宿題に費やした時間と宿題の効果との間には負の相関がある (Trautwein, Koller, Schmitz & Baumert, 2002)

中高生において、宿題に費やした時間と宿題の効果との間には「負の相関」があるとされる。つまり時間をかければかけるほど、宿題の効果は低くなっていくということだ。小学生の場合でも、宿題の時間と効果の相関はほぼゼロである (Cooper, Lindsay, Nye, & Greathouse, 1998)。長時間、子どもを机の前に縛り付ける宿題をさせるよりも、短時間で済む宿題をさせた方が、効果が期待できるということだ。

(4) 学習内容が複雑でない場合に宿題の効果が高まる (Trautwein, Koller, Schmitz & Baumert, 2002)

複雑な思考を必要とする「難しい宿題」よりも、簡単に取り組める「易しい宿題」を出す方が効果的だということだ。言い換えれば、問題解決指向の宿題よりも、タスク指向の宿題（暗記、練習、反復系）の方が効果が高いと考えることもできる。

宿題をたくさんさせることで子どもの学力が高まる、というエビデンスはない。もちろん宿題が悪ということでもない。その子の年齢や学力、宿題の内容、量、費やす時間などで、その効果は変動するということだ。大切なのは、こうしたエビデンスを基に子どもの発達段階に応じた宿題を用意することではないだろうか。

二　宿題を出すときの留意点

以上のことを踏まえ、宿題を出すときの留意点を次に示す。

- (1)短時間でできる内容・量にする
- (2)教師が丁寧に点検する(フィードバックを早くする)
- (3)内容は個人で違ってもよい
- (4)できてなくても叱らない
- (5)宿題によって学力が向上するということを期待しない

(1)短時間でできる内容・量にする

長時間を費やしたからといって宿題の効果が高まるわけではない。また、難しい宿題に取り組んだからといって学力が高まるわけでもない。費やす時間が少なくなるよう、簡単な内容にしたり量を調整したりすることが大切である。

(2) 教師が丁寧に点検する(フィードバックを早くする)

宿題をさせても教師が点検しなければ、学力向上の効果がないことは明白だ。教師が宿題を丁寧に点検することが必要だ。また子どもの学習に対するフィードバックは早ければ早いほど良い。できるだけ素早く点検し、返却するのが良い。たとえば算数プリントの宿題を出したなら解答も一緒に渡しておいて、自分で答え合わせをさせるようにするとフィードバックを早くすることができて効果的だ。

(3) 内容は個人で違ってもよい

学力差によって宿題の効果にも差が出る。一律に同じ宿題を課す必要はない。それぞれの子どもに合った宿題の内容・量を工夫して与えてもいいのだ。

(4) できていなくても叱らない

学力低位の子にとって難しすぎる宿題は酷だ。できないときもあるだろう。そんなとき、もし教師から注意や叱責を受けるのであれば、さらに酷だ。できていなくても決して叱らない。やろうとしたことを褒め、その子ができる宿題を用意してあげてほしい。

(5) 宿題によって学力が向上するということを期待しない

学習者の学習を左右するのは、教師に他ならない。教師はあくまでも授業で子どもに学力をつけていくべきである。宿題に頼って学力をつけようとするのなら、プロ失格である。

2

忘れ物をするのは、家庭の責任？

絶対NG指導 ▶ 忘れ物をした子を叱る、家庭に責任を押し付ける。

― よくある「忘れ物指導」で忘れ物はなくせるのか？

どの学級にも「忘れ物を繰り返す子」はいる。宿題、学習用具、提出プリント、給食エプロン、上靴など、実に様々なものを家に忘れてくる。

忘れ物をした子に対して、厳しく叱る教師がいる。「どうして忘れたの！」「何度言ったら分かるの！」「昨日の連絡帳に書いたでしょう！」という具合だ。ひどい場合には、罰として掃除をさせる、宿題を増やす、クラス全体の連帯責任にするなどの「ペナルティ」を与える教師もいると聞く。

しかし、忘れ物をして困るのは「教師」ではない。忘れ物をして困っているのは他でもない「子ども自身」だ。困っている子どもを教師が叱る。これで事態が好転することはない。叱責やペナルティで忘れ物を防げるのであれば、今ごろ日本中の学校から「忘れ物」は無くなっていることだろう。つまり、叱責やペナルティにはほとんど効果がないのである。

また、忘れ物の責任を家庭に押し付ける教師もいる。確かに、忘れ物が起こるのは家庭であることが多い。大抵の忘れ物は、家に置き忘れているからだ。

だからといって、「家庭で何とかしてください」「家でも注意してください」と伝えるだけではあまり変わらないだろう。それどころか、保護者が学校に対して反感をもつ可能性が高い。家で保護者が子どもを叱り、親子関係を悪化させてしまうことだってある。そうなれば、忘れ物どころの問題ではなくなってしまう。

安易な指導で、忘れ物をなくすことはできない。では、忘れ物をしてしまう原因は何なのか。

そこには「ワーキングメモリ」という脳の機能が大きく関わっている。

二　ワーキングメモリとは？

ワーキングメモリとは、

> さまざまな場面で、目標に向かって情報を処理しつつ一時的に必要な事柄を保持するはたらき。
> （苧阪満里子『脳のメモ帳 ワーキングメモリ』新曜社、四頁）

のことである。「脳のメモ帳」とも例えられる。

この「脳のメモ帳」に「明日は学校に○○を持っていく」という情報を保持できていれば忘れ物はしないわけだ。しかし日常の行動をしているうちに、自然とワーキングメモリ上から消えていってしまうのである。これは致し方ないことだ。

広島大学で記憶の研究をしている湯澤正通教授は、子どもが忘れ物をするのは、

> ある意味当たり前でだれにでも起こること。
> （ＮＨＫ Ｅテレ「ウワサの保護者会」ホームページ）

と述べている。

また「ネガティブな感情はワーキングメモリの働きを阻害する」ことも明らかにされている。叱責され

たことでその子が落ち込んだり反発心をもったりすれば、ワーキングメモリの働きがさらに悪くなり、かえって忘れ物をしやすくなる。叱責は、逆効果なのだ。

三　子どもの忘れ物への対応

では、具体的にどのような対応をするとよいのか。

- (1)その子に合った入力方法で伝える
- (2)教師が貸し出す
- (3)具体的な方策を示し、家庭に協力をお願いする

(1)その子に合った入力方法で伝える

ワーキングメモリ上に一時的に記憶する方法として「音声を記憶する方法」と「映像イメージを記憶する方法」がある。簡単に言うと「耳で覚える」か「目で覚える」かということである。

耳で覚えるのが得意な子であれば、何度も繰り返して言ってあげればよい。「明日〇〇を持ってきてね！」「明日、何を持ってくるんだった？　そう、よく覚えていたね！」と明るく、何度も確認を入れる。決して怖い顔で説教臭くやってはいけない。

目で覚えるのが得意な子であれば、連絡帳に文字とセットでイラストを描いてあげるとよい。あるいは写真を見せながら「明日、これを持ってきてね」と伝えるのもよいだろう。映像イメージとして記憶に残るようにするのだ。

子どもによって得意とする方法は異なるので、教師が適切に見極めていく必要がある。

(2) 教師が貸し出す

子どもには学校で学習する権利がある。忘れ物をしたせいで学習に参加できない、という事態は避けなければならない。筆記用具やノート、文房具など、貸し出せるものは教師が貸し出せばよい。教室に貸し出し用グッズをストックしておくとよい。教科書を忘れた子には、タブレットＰＣで教科書の必要箇所を写真に撮らせればよい。簡易デジタル教科書になる。

(3) 具体的な方策を示し、家庭に協力をお願いする

家庭に協力を依頼するときは、具体的な方策をセットにして伝えることが大切だ。それがないと単なる押し付けになってしまうからだ。

たとえば「晩ご飯の前や寝る前など、タイミングを決めて一緒に明日の用意をしてあげてください」「ホワイトボードに持っていく物を書いておいて、ランドセルに入れたものは消していくようにすると視覚的に分かりやすいですよ」などと伝えれば、保護者も協力しやすくなる。そして忘れ物が減ったのなら子どもを大いに褒め、保護者にも伝えて家庭でも褒めてもらうようお願いすることが大切だ。

子どもが忘れ物をするのはごく自然なことである。ゼロにはできないし、ゼロにする必要もない。そう考えた上で、子どもを温かく励まし続けることが教師の仕事である。

3

「家で見てあげてください」は、教師の指導放棄

絶対NG指導

学校で十分に指導できなかったことを「家で見てあげてください」と押し付ける。

家庭との「連携」？「押し付け」？

学習内容がなかなか身につかない子たちがいる。周りの子が次々とできるようになっていくなか、その子たちはできないままでいる。どの学級でもあり得ることだ。

熱心な教師は、その子ができるようになるまで根気強く教えようとする。休み時間や放課後を使って教える。その結果、できるようになることもあるだろう。

しかし、それでもできない場合はどうするか。保護者に連絡し、「家で見てあげてください」とお願いする教師が多くいる。

「リコーダーが苦手なので、家で練習を見てあげてください」
「音読が苦手です。毎日家で聞いてあげてください」
「漢字がなかなか覚えられません。家でもっと書かせてください」
「宿題の字が汚いので、家でも注意してください」
「忘れ物が多いです。家で見てあげてください」

協力的な保護者なら、熱心に見てくれるかもしれない。それにより効果が出る場合もあるだろう。そんなとき、教師は「家庭とうまく連携が取れた」と喜ぶ。

しかし「家で見てあげてください」ということが、子どもの学力を向上させるのだろうか。

学校で学力を保障することが、教師の仕事である。それができないときに保護者の協力を一方的に求めることは、連携ではなくただの「押し付け」である。それは教師の指導放棄だ。

家庭に頼んでも変わらなければ、「家庭の協力がないから」「家庭の問題だ」「子どもの能力が低いからだ」と責任転嫁する教師さえいる。これではプロ失格である。

二　「押し付け」が生み出すもの

学校から「見てあげてください」と言われれば、多くの保護者はそれに従うだろう。他でもない、我が子のためだ。しかし、保護者は教育のプロではない。教えるためのスキルをもち合わせていない。

仕事の疲れを押して、子どもの勉強を見る。すぐには良くならない。子どもの姿を見て、焦りやストレスが募る。次第に語気が強くなる。我が子のために勉強を見ていたのに、いつの間にか親子げんかになっている。保護者も子どもも疲弊する。そもそも教えるのは学校の役割だ、なぜ学校では見てくれないのか、と学校への不信感が生まれてくる。

それでも「家で見てあげてください」と言い続けるだろうか。

教師はこのようなことに、もっと敏感にならないといけない。

三　保護者の関与により学習効果は上がるのか？

そもそも、保護者が子どもの学習に関与することには、どれほどの効果があるのか。これには様々な先行研究があり、多くのエビデンスが存在する。

保護者の関与のあり方は多様であり一概には言えないが、保護者の関与による学習効果は確かに「ある」。

しかし、それも条件によって変わるものだ（ジョン・ハッティ／山森光陽訳『教育の効果――メタ分析による学力に影響を与える要因の効果の可視化』図書文化社、一〇七～一〇九頁より）。

J・A・クリム（J.A.Crimm）によると、保護者の関与の効果が最も高いのは「就学前から三年生まで」であり、そこからは年齢とともに効果が低くなるという。中学生以上になると、保護者の関与が逆効果になることもある。子どもの発達段階を踏まえた上で関与することが大切だ。

教科によっても効果は異なる。保護者の関与の効果が最も高いのは「読解」の学習であり、逆に最も低いのは「数学」であった。

保護者による「監視」には効果があるのか。子どもの学習を監視したり、テレビ視聴のルールを作ったりするなどの環境調整を行うことは、残念ながら効果が低い方法である。

学習効果に最も良い影響を与えるのは「保護者の子どもへの期待」である。期待をかけられた子は、その期待に応えようと前向きに努力する。

ただし、期待をかけることと、口やかましく「勉強しなさい」と言うこととは違う。教育経済学者の中室牧子氏は、父母共に「勉強するように言う」ことはあまり効果がなく、むしろ逆効果になる可能性があることを指摘している（『「学力」の経済学』ディスカヴァー・トゥエンティワン、六〇頁）。

四　家庭と連携する際のポイント

教えるのはあくまでも教師の仕事だ。それでも家庭との連携が必要な場合もある。その際には次の点に留意する。

（1）具体的に指導方法を伝える
（2）肯定的なフィードバックを返す

（1）具体的に指導方法を伝える

教師の強みは「教えるスキルをもっていること」である。家庭と連携するならば、そのスキルを保護者に提供した上で協力してもらうことが大切だ。

たとえば漢字が苦手な子の場合であれば、「晩ご飯の前に、今日習った漢字を三回ずつ指書きさせてみてください」と時間帯や方法、回数を具体的に示す。字が雑な子であれば、「書き直しをさせるのではなく、きれいに書けている字を見つけて、花マルをつけてあげてください」と伝える。保護者にも無理なく、短時間でできる方法がよい。

（2）肯定的なフィードバックを返す

保護者に協力を依頼しておきながら、そのあと、何の連絡もしないのではダメだ。必ず肯定的なフィードバックを返すようにしたい。少しでも子どもが良くなっているのならその変化を伝え、「ご協力のおかげです。ありがとうございます」と保護者を労う。変化のない場合でも「学校でも引き続き指導していきます。ご協力に感謝します」など、何らかのフィードバックが必要だ。これを怠ると「学校は押し付けるだけで協力してくれない」と不信感を抱かせてしまうかもしれない。

繰り返すが、本来は学校で身につけさせることだ。

教師が小さな努力を怠ってはいけない。

4 教師の安易な発言が、子どもと保護者を苦しめる

絶対NG指導 ▶ 家庭で行う作業の指示を、その場の思いつきで発言する。

一 教師の思いつき発言は、発達障害の子を混乱させる

帰りの会で、教師が「今日の宿題は簡単だから、自分で全部やるんですよ」と思いつきで発言する。

教師にとっては、覚えてもいない程度のことが多い。

しかし、発達障害の子の家庭では、大変なことになっていることがある。

子どもは「先生は、全部自分でやれと言った。だから、自分でやるまで終われないんだ!」とパニックになり、保護者はその対応に追われる。気がつけば日が変わっているということもある。

これは、教師の思いつき発言に問題がある。

発達障害の子のうち、自閉症スペクトラム障害(ASD)の子がこのような状況に陥りやすい。彼らの特徴のなかに、次のことがある。

- ○言葉を字義通りに受け取ってしまう
- ○こだわり行動があり、やめさせようとするとパニックになる

ASDの子は、教師の発した言葉を「字義通り」受け取る。自分で全部やれと言われたら、自分でやらないといけないと思い込む。彼らはそのことにこだわるため、融通が利かない。手伝うことも、やらずに行くこともできないため、パニックになる。

オランダの研究によると、家庭学習について、次のような報告がある。

家庭で行う学習について、学生がストレスを抱えていたり、宿題中の葛藤、問題行動を報告している親がいたりするなど、悪影響を引き起こす可能性もあります。
(Learning and Individual Differences, Volume 21)

実行機能に問題があるＡＳＤの子どもは、このような状況に陥りやすいことも報告されており、ＡＳＤの子に家庭で作業をさせるなら、教師側が十分に準備した上で行わなければならない。思いつきで発言すれば、ＡＳＤの子は混乱する可能性が高い。

二　家庭で作業をさせるときの対応のポイント

家庭で何かをさせなければいけないときは、次のような対応が必要である。

- (1) 学校で練習した上で、家にもちかえらせる
- (2) 全体に指示を出したあと、個別に対応する
- (3) 保護者と連絡を密にする

(1) 学校で練習した上で、家にもちかえらせる

教師の発言には、すべて意味がなければならない。その場の思いつきで発言すれば、発達障害の子は混

乱する可能性が高い。

家庭に宿題や作業をもち帰らせる場合は、学校で練習させる。

家庭で日記を書かせるならば、次のようにする。

①学級活動の時間を使って、ノートに日記を書かせる。
②日記の書き方を、その場で教える。
③上手に書けている子を紹介し、参考にさせる。

「家に帰ったら、日記帳を出します」「一行目に、日付を書きなさい」など、実際に家にいる想定で書き方を教えていく。

子どもたちが分からないことがあれば、その場で質問を受ければよい。

他の作業についても同じである。学校でやり方を教えておくことで、ASDの子がパニックを起こすことを予防することができる。

(2)全体に指示を出したあと、個別に対応する

学校でやり方を教える。しかし、これだけでは十分ではない。

発達障害の子どもたちのなかには、全体への指示を自分のこととして捉えられない子がいる。彼らが自分のこととして話を聞くことができるような工夫が必要である。

学校でやり方を教えたあと、全体が作業に入る。「この時間中に終わったら、今日は家でやらなくてもい

いよ」と指示すれば、全体が集中する。
全体が集中する状態になったのを見計らってその子のところに行き、次のように聞く。

「やり方で、分からないところはありましたか」

分からないところを聞けば、素直に話してくれることが多い。話をすることが難しい子の場合は、ノートを見て、どこでつまずいているかを教師が確認する。このように全体に指示を出し、熱中させてから個別に対応することで、発達障害の子にも確実にやり方を伝えることができる。

(3) 保護者と連絡を密にする

個別に話をしても、伝わらない場合もある。そこで、放課後に保護者に電話連絡を入れ、やり方をお伝えする。
その際、次のように話しておく。

「どうしても作業することが難しい場合は、『明日の朝、学校で先生と一緒にやってもいいよ』と○○さんに伝えてください」

ＡＳＤの子は、親の言うことは聞かなくても、教師の言うことは聞く場合がある。保護者と連絡を密に取り、保護者の不安を軽減することも教師の大切な仕事である。

5

「不登校の子に登校刺激をしてはいけない」は、事態を悪化させる可能性がある

絶対NG指導

不登校の子に対して、「無理に登校刺激をしないようにしましょう」という指導。

一　「登校刺激をしない」のは、必ずしも正しいとは言えない

二〇一七年の調査では、不登校の児童生徒数は一四万人。大きく増えているわけではないが、高止まりしている状態である。

不登校の児童への対応は、教育界の喫緊の課題である。

不登校児童への対応を委員会等で協議していると、「無理に登校刺激をすると余計に来なくなる」「しばらく様子を見るのがよいのではないか」といった意見を聞くことがある。

この意見は本当に正しいのだろうか。結論から言うと、「否」である。

小児診療科の小柳憲司氏は次のように述べている。

> 「学校に行きなさい」と言うべきか迷うところですが、だからといって学校というものを完全に否定してしまっては、成長に必要な友だち関係を得ることもできなくなってしまいます。
>
> （『学校に行けない子どもたちへの対応ハンドブック』新興医学出版社、六頁）

子どもたちが将来、社会参加するためには、学校に行っておいた方がよい。

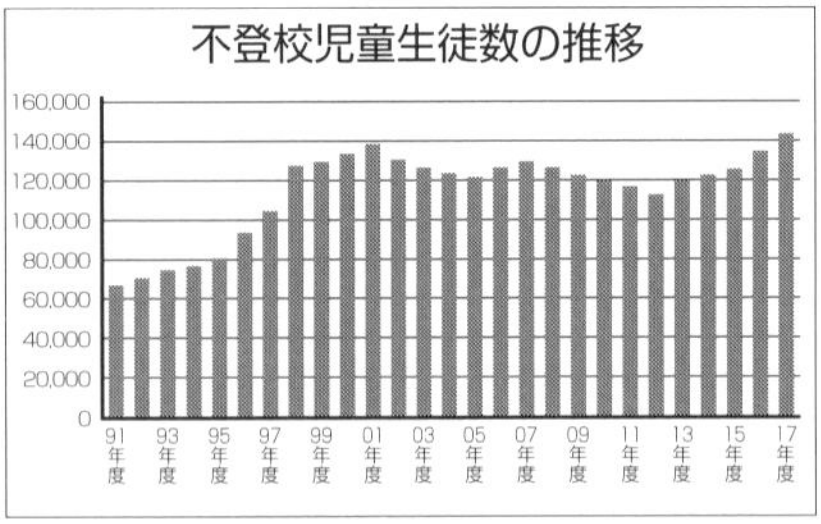

2017年度「児童生徒の問題行動・不登校等生徒指導上の諸課題」（文部科学省）を元に作成

登校刺激をした方がよい児童は、登校刺激をしてあげた方が学校に来やすくなる。だから、「登校刺激をしなくてもよい」という意見や、「様子を見ましょう」という意見は、教師の指導放棄である。ただ、やみくもに登校刺激をするのもよいとは言えない。

> 学校に行かなくなる原因は子どもによってさまざまであり、決して一律ではありません。また、前述したように、子どもによって適切な（心地よい）社会関係も異なっているため、対応も、目指す目標も異なります。すなわち、「不登校にはこのように対応する」という単一の方法はないのです。
>
> （同書、三一頁）

つまり、学校に行かせることを最優先で考えるのではなく、子どもの状態に合わせて無理のない社会参加をさせていくことを考えることが、正しい対応となる。

二　不登校の子への対応は、「子どもの状態を見極める」ことから始まる

不登校の子への対応は、次のことに尽きる。

> 子どもの状態を見極め、その状態に応じた対応をする。

子どもが安心して学校に行くことができるようになることが何より優先されなければならない。登校刺激をするかどうか、関係機関と連携するかどうかは、そのときの子どもの状態による。

対応したことで子どもの自己肯定感が余計に低くなってしまっては、意味がない。子どもの状態を見極める際に、気をつけることは次の二つである。

(1)どのタイプの不登校なのか?
(2)「心のエネルギー」の状態

(1)どのタイプの不登校なのか?

不登校には様々なタイプがある。たとえば、次のようなタイプである。

ア.いじめなど外的な要因で陥った不登校
イ.社会適応が難しいことでため込んだストレスが原因の不登校
ウ.頑張りすぎたことによる不登校
エ.学校に行くことがめんどくさくなったことによる不登校

その子がどのタイプの不登校かによって対応が変わる。

いじめが原因の不登校ならばいじめをなくす必要があるだろうし、ストレスが原因の場合は休養を取ることも必要だろう。怠惰が原因ならば、登校刺激を行う必要があるかもしれない。

不登校の子がいる場合は、まずどのタイプの不登校かをアセスメントし、対応を考えていく必要がある。

(2)「心のエネルギー」の状態

小柳氏は、不登校の対応を考える上で「心のエネルギー」に注目するとよいと述べている。心のエネルギーが低くなると、意欲が低下したり、困難を乗り越えることができなくなったりし、登校することが難しくなることがある。

怠惰による不登校は、比較的心のエネルギーの低下が軽度である。軽度の場合、積極的に登校刺激を行った方が、子どもは動き出しやすくなる。保護者と連携を取り、次のような言葉で登校刺激を与える。

「今度、お楽しみ会をするよ。よかったら先生と一緒に行かない？」
「不安だと思うけど、勇気を出して学校においで。先生がついてるよ」

ストレスや頑張りすぎによる不登校は、心のエネルギー低下が重度である。重度の場合、登校刺激を行うことよりも、エネルギーを充塡させるために休養させることを優先した方がよい。

重度の子を担任している場合は保護者と連携を密に取り、家庭での生活について方針を決めておくことが大切である。

休養といっても、単に休ませるのではない。保護者の方には、「ある程度の生活習慣を保ちつつ、バランスの良い食事を取らせたり、運動をさせたりしてもらえる」ようにお願いする。

心のエネルギーがどのような状態にあるのかは、家庭の様子や学校に来たときの様子を確認しておく必要がある。

6

オンライン授業で子どもが何もやらないのは、教師の力量不足

絶対NG指導 オンラインなので、やり取りをせずに淡々と授業を進めていく。

一 オンライン授業に集中させることができないのは、教師のスキルが低いからである

二〇二〇年、新型コロナウイルスが猛威を振るった。二月末に緊急事態宣言が出され、五月末まで臨時休校という異例の事態となった。臨時休校となったことにより、ＧＩＧＡスクール構想が前倒しされ、「オンライン授業」が全国各地で行われるようになった。

Ｚｏｏｍ等による同期型双方向のオンライン授業を行うとき、淡々と授業を進める教師がいると聞く。画面の向こう側で淡々と授業を進められると、一番困るのは発達障害の子どもたちである。発達障害の子どもたちを授業に集中させるためには、次のことが必要である。

【セロトニン5】
①見つめる　②ほほえむ　③話しかける　④触れる　⑤ほめる
【ドーパミン5】
①運動を取り入れる　②変化をつける　③高得点を与える　④見通しを示す　⑤目的を伝える
（平山諭『満足脳を作るスキルブック』ほおずき書籍、三二〜三四頁）

通常の教室ならば、こうしたスキルを使って発達障害の子どもたちを巻き込むことができる。

しかし、オンライン授業で淡々と授業を進めると、これらのスキルをほとんど使わないことになる。結

果、発達障害の子は授業に集中できなかったり、注意がそれてしまったりする。

これは子どもの責任ではない。教師のオンライン授業スキルを向上させる必要がある。

二　発達障害の子どもたちにも有効な「オンライン授業スキル」

発達障害の子が熱中するための「オンライン授業スキル」を三つにまとめてみた。

- (1) 教師の「顔」が見える状態で授業する
- (2) 画面越しでも「動き」を取り入れる
- (3) 様々なバリエーションの「確認」の方法を使う

(1) 教師の「顔」が見える状態で授業する

Ｚｏｏｍ等で同期型の授業をする場合、パワーポイントなどのスライドを画面共有して指導する場面が多くなる。

しかし、画面共有するとスライドのみが表示され、教師は画面上に登場しないことになる。教師が見えないことは、発達障害の子どもたちにとって緊張感がなくなったり、不安を助長したりする。

オンライン授業を行う場合、教師がスライドと共に画面上に登場する方がよい。「ＯＢＳ」というソフトを使えば、スライドを提示しながら教師が画面上に登場することができる。

画面に教師が登場することで、ノルアドレナリンが分泌され、集中力が増す。

また、教師が笑顔で授業することでセロトニンが分泌されて安心感が増し、子どもがオンライン授業に集中できる環境となる。

二〇一九年、イギリスの学術誌『British Journal of Educational Technology』には、ビデオ講義について、次のような報告がある。

> 高い表現力をもったインストラクターのビデオ講義は、学生の興奮と学習満足度の向上に関して、従来の表現力をもったインストラクターや音声のみの講義よりも優れていることを示した。

教師が画面に登場することが、子どもの学習効果を高めるのである。

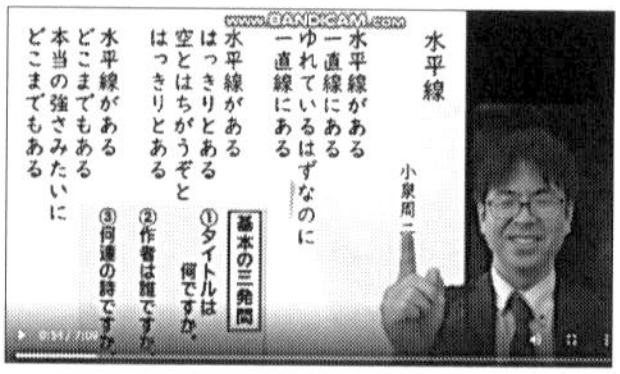

(2) 画面越しでも「動き」を取り入れる

オンライン授業でも、淡々と授業を進めるのではなく、様々な活動を取り入れる。たとえば次のような活動である。

> ア.「分かった人は、手を挙げなさい」と、手を挙げさせる。
> イ.「意見をノートに書きなさい」と、ノートに書かせる。
> ウ.「ミュートを外して発言しなさい」と、発言を求める。

ＡＤＨＤの子どもにとって、ただ聞いているだけの授業はドーパミンが不足し、集中できなくなる。教室での授業同様に「運動を取り入れる」ことでドーパミンが流れ、集中力が増す。

(3) 様々なバリエーションの「確認」の方法を使う

オンライン授業終了後、子どもが何もしていないのは、教師がやっているかどうかを確認していないからである。

画面の向こう側で、子どもが指示通りやっているかどうか、途中経過を確認する必要がある。

このとき、ワンパターンにならずに様々なバリエーションの確認の方法を使うようにする。

たとえば、次のような方法である。

ア：「できた人は、リアルで手を挙げてごらん」
イ：「書いたノートを、先生に見せてごらん」
ウ：「聞こえる？　聞こえたらジャスチャーで『○』ってしてごらん」
エ：「分かる人は、うなずいてみて」
オ：「何番が正解かな？　指で『1』とか『2』とかやってみて」

途中経過を確認することで緊張感が高まり、ノルアドレナリンが分泌される。ノルアドレナリンが分泌されると、集中力が増す。子どもが何もしていないということがなくなる。

様々なバリエーションを使うことで授業に変化が生まれ、ドーパミンが分泌される。ドーパミンも集中力を高める。発達障害の子どもたちも、楽しく授業に参加することができる。

あとがき

若い頃、崩壊した学級を担任した。学級にはAD／HDと診断された児童や、ASDが疑われる児童が在籍していた。

前年度、そのクラスの前を通ると担任の怒声がよく聞こえていたが結果は好転せず、崩壊したまま、その一年は過ぎていった。

次の年、担任になった私はTOSSセミナーで学んだことを次々と実践していった。

教室の前面掲示をなくし、視覚支援を多用した。九九が苦手な子にはかけ算九九表を持たせ、写したりなぞったりする作業を取り入れた。

子どもたちは喜んで授業に参加するようになり、明るく楽しいクラスになった。あるAD／HDの児童は私の家まで来て、「先生、一年間楽しかった」と言うまでになった。

私は次の学年の担任が彼らに対応できるように、「うまくいった対応」と「うまくいかなかった対応」をまとめ、職員会議で提案した。

提案しているとき、前担任と近くにいる先生方がコソコソと話しているのが目に入った。気になったが、そのまま提案を続けた。

職員会議が終わったあと、仲の良かった先生が私のところにやってきて、そのときに話をしていた内容を教えてくれた。

堀田先生は、ただ甘やかしているだけ。甘やかせば、どんな子でも言うことを聞くようになる。でも、子どもには全然力がつかない。あんなことをしていては、子どもがダメになる。

頭にカーッと血がのぼった。私も、まだ若かった。私は前担任のところに行き、なぜこの対応がうまくいくのかについて、丁寧に説明をした。

その説明を聞いたあと、前担任がゆっくりと口を開いた。

「でも、先生。その方法は本当に力がつくの？」

私は、何も言えなかった。言い返したかったが、言い返す根拠となる確固たるものが何もなかった。「勉強会で学んできたので、これがいい方法なんです」というのは、根拠とは言えない。

特別支援教育は科学である。科学である以上、根拠とは「科学的根拠（エビデンス）」でなければならない。当時の私は、科学的根拠をもち合わせていなかった。前担任をはじめ、先生方を納得させることはできなかった。

この出来事があってから、私は特別支援教育を違う角度から学ぶようになった。ＴＯＳＳセミナーに参加して方法論を学ぶだけではなく、ドクターや臨床心理士の方と学習会をもち、「なぜこの指導法は発達障害の子に有効なのか」ということを、脳科学の知見で解説していただいた。

このような学習を続けること一〇年、ようやく自分が行っている指導について、科学的根拠を示しながら解説することができるようになった。

未だに現場では、非科学的な指導・対応が横行している。

「怒鳴って静かにさせる」「何をすればよいか分からず困っているのに、『自分で考えなさい』と放置する」といった対応を繰り返し、子どもを傷つけている。

おそらく全国各地で、同じような状況があると思う。このような状況を何とかしたいと思っている、心ある教師はたくさんいる。

しかし、非科学的な指導・対応をしている教師が多数派であり、心ある教師がこの状況を覆すことは困難を極める。この状況を打破することができるのが、「科学的根拠」なのである。

教師が行っている指導・対応を科学的な側面から検証し、正しい指導・対応に改善していくことで、子どもが幸せになるのである。

「まえがき」でも触れたとおり、本書の第一弾である『ストップ！ＮＧ指導――すべての子どもを救う「教科別」基礎的授業スキル』では「教科別」のＮＧ指導を取り上げ、科学的な根拠を示しながら改善策を具体的に執筆した。

しかし、第一弾だけではまだまだ書き切れない内容が多く残っていた。

そんななかで、第二弾の執筆の機会をいただいた。第二弾では、私がずっと大きな課題として考えていた「集団での学習」について、どうしても執筆したかった。

班やグループでの活動のとき、発達障害の子が困っている場面を何度も見てきたからだ。班活動になると、何もせずに遊んでいる。友達とやりたいことを取り合って喧嘩になる。机に突っ伏して何もしなくなる……。グループ学習が苦手な子どもたちに対して、科学的な根拠を示しながら、正しい指導・対応について説明ができるような本を執筆したいと思った。

第一弾同様、プロットを立てるまでは比較的簡単な作業だったが、執筆に入るとそれぞれの対応に関する科学的根拠を探すことに苦労した。

到底、一人でできる仕事ではないので、チームを作り、メンバーで分担して、根拠を探しながら執筆を進めていった。執筆した原稿を読み、科学的根拠が薄いものについては、三度、四度と修正してもらった。結果として、第一弾には盛り込めなかった集団の学習場面、トラブルの場面、家庭での学習場面、そして個別の学習場面でのNG指導とその改善策について、多くの先生方に役立つ本が完成したと思う。

本書を執筆するにあたり、第一弾の著者である小野隆行氏には、プロット立ての段階から、何度もアドバイスをいただき、修正を加えていただいた。そうして修正をしていただくたびに、「そうそう、こういうこと、ある！」とプロットが生き生きしてきた。本書がより良いものになったのは、小野氏のおかげである。

途中、何度か執筆が頓挫してしまいそうなこともあったが、その都度、学芸みらい社の小島直人氏から温かい激励のメールをいただいた。そのたびに、メンバーも気持ちを奮い立たせて、完成までこぎつけることができた。小島氏には、感謝してもしきれない。

また、師匠の向山洋一氏からは、「子どもの事実」を大切にすることを繰り返し教えていただいた。「子どもの事実」に目を向け続けたからこそ、教師のNG指導にも目をそらさずに向き合うことができた。

お三方に、この場を借りて心より感謝を申し上げたい。

本書がたくさんの方の手元に届き、NG指導が科学的根拠をもとに駆逐され、子どもたちが幸せになる一助となれば幸いである。

堀田和秀

執筆者一覧

堀田和秀　兵庫県洲本市立洲本第一小学校

石橋浩美　大阪府大阪市立墨江小学校

板垣大助　島根県浜田市立石見小学校

榎本寛之　兵庫県南あわじ市立榎列小学校

大野敦雄　大阪府東大阪市立義務教育学校くすは縄手南校

岡　孝直　岡山県倉敷市立長尾小学校

笠原路也　兵庫県西宮市立用海小学校

賀本岳陽　兵庫県洲本市立中川原小学校

神原優一　岡山県高梁市立高梁中学校

北　大輔　公立中学校教諭

三枝亜矢子　兵庫県伊丹市立南小学校

津田泰至　兵庫県淡路市立大町小学校

鶴田裕一　大阪府高槻市立芥川小学校

原田朋哉　大阪府池田市立秦野小学校

原田はるか　兵庫県南あわじ市立榎列小学校

平松靖行　岡山県総社市立常盤小学校

廣畑龍希　大阪府東大阪市立義務教育学校くすは縄手南校

藤野弘子　大阪府豊中市立泉丘小学校

堀田知恵　兵庫県洲本市立加茂小学校

松山修平　広島県福山市立加茂小学校

森田智宏　大阪府島本町立第四小学校

森本博道　京都府京都市立衣笠小学校

シリーズ 特別支援教育《とくべつしえんきょういく》「鉄壁《てつぺき》の法則《ほうそく》」

ストップ！NG指導《しどう》2
すべての子《こ》どもを救《すく》う
［場面別《ばめんべつ》］基礎的授業《きそてきじゅぎょう》スキル

2021年5月25日　初版発行

編著者　堀田和秀
発行者　小島直人
発行所　株式会社 学芸みらい社
〒162-0833 東京都新宿区箪笥町31 箪笥町SKビル3F
電話番号：03-5227-1266
FAX番号：03-5227-1267
HP：http://www.gakugeimirai.jp/
E-mail：info@gakugeimirai.jp
印刷所・製本所　藤原印刷株式会社
ブックデザイン　吉久隆志・古川美佐（エディプレッション）

落丁・乱丁本は弊社宛お送りください。送料弊社負担でお取り替えいたします。

ISBN978-4-909783-76-9 C3037